Hi Aeneas!

Viel Spaß bei

deiner Reise

durchs Sonnensystem!

**Danke an Hermann Gundermann, ohne den
ich über Astronomie rein gar nichts wüsste.**

Astro-Comics erklärt das Sonnensystem
Alle Rechte liegen bei Tim Ruster
ISBN 978-3-00-057616-4
Gedruckt in Deutschland

www.astro-comics.de
www.tim-ruster.de

printed by:
WirmachenDruck.de
Sie sparen, wir drucken!

ASTRO-COMICS ERKLÄRT

DAS SONNENSYSTEM

DIE AUTOREN

Tim Ruster wurde 1991 geboren, hat Jura studiert und ist ganz nebenbei erfolgreicher Astro-Cartoonist! Die Idee zu den Astro-Comics kam ihm bei seiner Tätigkeit als Führer im Planetarium Köln, wo er bis zu fünf Schulklassen pro Woche den Weltraum erklärt. Durch die Fragen der Kinder inspiriert wurde das erste Astro-Comic geboren. Die Cartoon-Reihe wächst seitdem immer weiter und wurde gemeinsam mit ihrem Schöpfer auch schon in mehreren großen Zeitungen vorgestellt. Die Cartoons, die es mittlerweile auch in Bewegtbild bei YouTube zu sehen gibt, haben schon vielen Menschen die Weiten des Weltraums auf humorvolle Art und Weise näher gebracht.

Jana Wiedemeyer wurde 1988 geboren, studierte Romanistik und ist als freie Texterin tätig. Schon seit vielen Jahren ist sie begeisterte Hobby - Astronomin und betreibt ihren eigenen Astronomie-Blog (www.am-rande-der-milchstrasse.org), auf dem sie astronomische Themen populärwissenschaftlich aufbereitet. Nebenbei engagiert sie sich als Sternwartenführerin im Kölner Planetarium.

Gemeinsam sind die beiden die Macher von "Astro-Comics erklärt das Sonnensystem". Tim als Zeichner d Cartoons und Verfasser der meisten Texte und Jana als Co-Autorin.

SONNENSYSTEM-VERZEICHNIS

- SONNE ---------- 8
- MERKUR ---------- 15
- VENUS ---------- 22
- ERDE ---------- 29
- MOND ---------- 37
- MARS ---------- 44
- JUPITER ---------- 54
- SATURN ---------- 61
- URANUS ---------- 68
- NEPTUN ---------- 75
- PLUTO UND DIE ZWERGPLANETEN ---------- 82
- ASTEROIDEN, METEORE UND KOMETEN ---------- 89

VORWORT

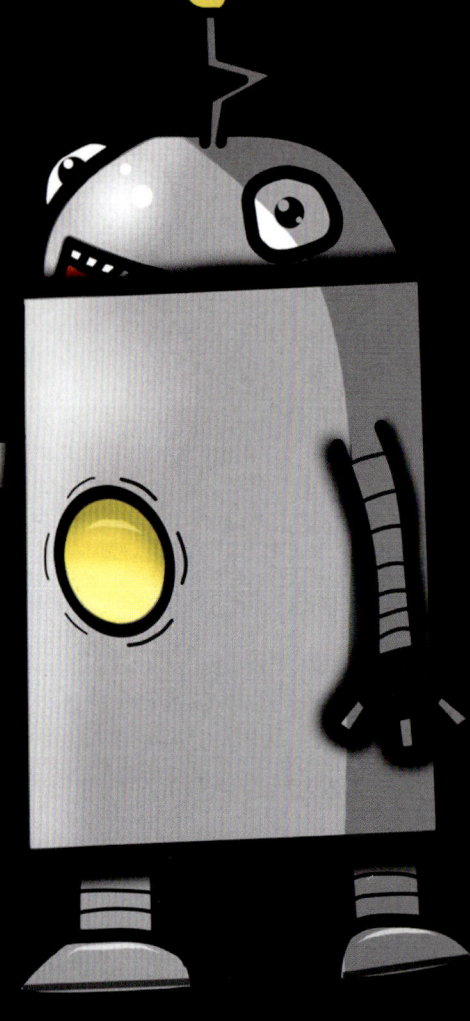

Hallo, liebe Leserinnen und Leser! Schön, dass Ihr dabei seid auf der Reise durch unser Sonnensystem. Mein Name ist Hubert und ich bin für die nächsten 1,6 Lichtjahre euer Reisebegleiter. Das ist eine lange Distanz, denkt Ihr euch? Ist es auch. Und in einem Menschenleben gar nicht zu überbrücken. Aber mit meinem Spezialraketenturboantrieb schaffen wir das.

Steigt ein, schnallt euch an und lernt auf den nächsten Seiten spannende und wissenswerte Details über unsere direkte galaktische Heimat: Ihr wollt erfahren, warum Venus und Erde Mars lieber keinen Besuch abstatten wollen? Oder warum Pluto von den anderen Planeten gemobbt wird? Oder wisst Ihr, inwiefern Uranus sich von allen Planeten unterscheidet und warum der Mond und die Erde eine so enge Beziehung haben? Nein? Das macht nichts. Denn dafür haltet Ihr dieses Buch in den Händen.

Euch erwartet eine lehrreiche Cartoon-Reise quer durch die Astronomie, während der Ihr mit mir, Hubert, auf lustige Art und Weise erfahrt, was in unserem Sonnensystem von statten geht. Wir starten bereits auf der nächsten Seite an unserem Stern, der Sonne, fliegen auf den folgenden Seiten an den inneren Gesteinsplaneten vorbei und passieren den Asteroidengürtel hinter Mars. Wir dringen weit in die kalten Tiefen des Alls vor, wo die großen äußeren Planeten schon auf uns warten und mit ihren Gashüllen beeindrucken wollen. Staunend gleiten wir durch den Kuipergürtel, winken Pluto und den anderen Zwergplaneten zu und haben am Ende die beste Aussicht: Auf unser Sonnensystem, am Rande der Milchstraße.
Ich wünsche euch eine galaktisch gute Reise!

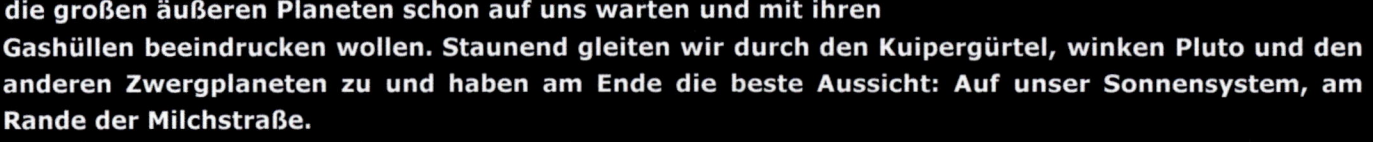

Euer Hubert

PS: Wenn Ihr Fragen haben solltet unterwegs: Ich teile mein Robo-Spezialwissen auf den kommenden Seiten in vielen Infoboxen mit Euch. Und wenn Ihr noch mehr Fragen habt, dann schreibt mir eine E-Mail an kontakt@astro-comics.de.

Los geht's!

7

SONNE

Die Sonne. Sie ist der Stern vor unserer Haustür. Sie leuchtet seit Milliarden Jahren verlässlich und ermöglicht uns das Leben auf der Erde. Aber was ist eigentlich ein Stern? Hubert sagt immer, Sterne seien riesige Kugeln aus Gas, die am Himmel verglühen. So ganz falsch liegt er damit nicht. Sterne sind tatsächlich heiße Plasmabälle, sie bestehen aus Wasserstoff, Helium, ein bisschen Sauerstoff und weiteren Elementen. Aber dazu später mehr in einem anderen Kapitel.

Fakt ist: Ohne einen Stern im Zentrum unseres Sonnensystems, um den sich alles dreht, könnten wir nicht existieren. Denn die Sonne hält nicht nur alles in ihren Bahnen, sie produziert auch jede Menge Energie, die uns Menschen auf der Erde in Form von Licht und Wärme erreicht. Die Wärme mag Hubert besonders, er ist ein richtiger Sonnenanbeter. Nichts gefällt ihm besser, als in der Morgensonne sein Metall glänzen zu lassen. Aber Vorsicht: Die Strahlen der Sonne können gefährlich werden und Sonnenbrände auf der Haut verursachen.

Unsere Sonne scheint schon seit mehr als vier Milliarden Jahren. Klingt ziemlich alt, oder? Aber so alt sind die vier Milliarden Jahre in Sternenleben gerechnet gar nicht. Die Sonne befindet sich gerade erst in der Blüte ihres Lebens. Und sie hat noch weitere fünf Milliarden Jahre zu leben. Denn genau wie wir Menschen werden auch Sterne geboren und sterben irgendwann. Unsere Sonne ist ein ziemlich durchschnittlicher Stern, weder besonders groß, noch besonders klein. Daher wird das Ende unserer Sonne auch nicht allzu spektakulär. Während große Sterne am Ende ihres Lebens in einem großen Getöse explodieren, bläht sich unsere Sonne einfach nur auf und... - ja, was dann passiert, das erfahrt Ihr auf den folgenden Seiten.

Es dreht sich nicht immer alles nur um dich, Sonne!
Ernsthaft?
astro-comics.de

Der Lebensmittelpunkt

Jeder von uns hat irgendeinen Lebensmittelpunkt. Diese eine Sache, ohne die unser Leben einfach nicht dasselbe wäre. Für die einen dreht sich alles um ihre Kinder, für andere um ihren Job und für manche sogar um das Zeichnen von astronomischen Cartoons.

Auch unsere Erde hat so einen Lebensmittelpunkt, auch wenn sie es manchmal zu vergessen scheint. Ihr Leben dreht sich bereits seit einigen Milliarden Jahren um die Sonne. Dieses Schicksal teilt sie mit allen anderen Planeten (und Zwergplaneten, Asteroiden und Co) unseres Sonnensystems, die alle beständig ihre Bahnen um die Sonne ziehen. Die inneren Planeten Merkur, Venus, Erde und Mars brauchen für eine Umrundung der Sonne allerdings wesentlich kürzer als die weiter entfernten Planeten Jupiter, Saturn, Uranus und Neptun.

Aber warum richten all diese Planeten ihr Leben nach der Sonne aus und umkreisen diese Jahr um Jahr? Eigentlich aus dem gleichen Grund, aus dem sich euer Leben vielleicht um eure Freunde, eure Familie oder euren Lieblings-Fußballverein dreht: Sie übt einfach eine starke Anziehung aus. Der einzige Unterschied ist, dass sich die Anziehung der Sonne aus der sogenannten Schwerkraft ergibt. Je schwerer ein Objekt ist, desto mehr Kraft besitzt es, um andere Objekte anzuziehen. Sicher ist euch bereits aufgefallen, dass die Erde euch anzieht – wenn Ihr hochspringt, fallt Ihr wieder runter. Da die Sonne aber sogar noch 330.000 Mal schwerer als die Erde ist, wird unserer Heimatplanet in ihrem Bann gehalten und muss sie immer und immer wieder umkreisen. Die Erde zieht uns an, die Sonne zieht die Erde an.

Die Sonne ist aber nicht nur wegen ihrer Schwerkraft unser Lebensmittelpunkt: Sie spendet uns auch Licht und Wärme, die wir für unsere Existenz dringend benötigen. Sie ist nämlich ein riesiger heißer Ball aus Gas, in dessen Innerem ein Prozess abläuft, den man Wasserstofffusion nennt. Sie wandelt beständig Wasserstoff in Helium um und erzeugt so Energie – wie ein ultra-gigantisches Kraftwerk, das die gesamte Erde mit Wärme versorgt. Leider wird der Wasserstoff irgendwann aufgebraucht sein und unsere Sonne wird erlöschen. Darüber erfahrt Ihr im übernächsten Cartoon mehr.

Ist unsere Sonne mit ihrem Status als Lebensmittelpunkt für Erde, Mars und Co also einzigartig? Nein, ganz im Gegenteil: Alle Sterne, die wir nachts am Himmel sehen, sind andere Sonnen – und um viele von ihnen drehen sich ebenfalls Planeten. Alleine von der Erde aus können wir ca. 6.000 Sterne mit bloßem Auge am Himmel sehen – das sind alles Sonnen! Und natürlich gibt es im Universum insgesamt noch viel mehr davon. Und jede dieser Sonnen ist für irgendeinen Himmelskörper der Mittelpunkt seines Lebens...

Oh Gott, Sonne! Was hast du denn da für Flecken? Bist du etwa krank?
Die bekomme ich immer während meines Zyklus...
astro-comics.de

Der stellare Patient

Der ganze Körper voller Flecken, leichtes Unwohlsein – das sind typische Symptome für Röteln oder Scharlach.

Im Falle unserer Sonne müssen wir uns aber keine Sorgen machen. Die Flecken sind kein Zeichen einer fehlenden Impfung und einer daraus resultierenden Erkrankung sondern ein astronomisches Phänomen mit dem naheliegenden Namen „Sonnenflecken". Wobei, ein paar Ähnlichkeiten zu einem klassischen Krankheitsverlauf gibt es dann doch, wie wir gleich sehen werden.

Diese dunklen Flecken befinden sich auf der Photosphäre, also der innersten Schicht der Sonne, die man noch beobachten kann. Sie sind kühler als der Rest der Sonnenoberfläche und strahlen deshalb weniger sichtbares Licht ab. Mit rund 4.000 Grad Celsius misst man in den Sonnenfleck-Regionen fast 1.000 Grad Celsius weniger als in anderen Bereichen unseres Sterns. Im Gegensatz zum Verlauf einer Scharlach-Erkrankung, die oftmals mit Fieber einhergeht, leidet unsere Sonne aufgrund der Sonnenflecken also eher an einer Unterkühlung!

Praktischerweise helfen uns die Flecken dabei, den aktuellen Gemütszustand der Sonne zu analysieren, sie unterliegen nämlich einem elfjährigen Zyklus, in dessen Lauf ihre Anzahl zu- und abnimmt. Wenn auf der Photosphäre zahlreiche Sonnenflecken zu sehen sind, ist dies ein Anzeichen für eine sehr hohe Sonnenaktivität. Es kommt dann zu einem erhöhten Ausstoß des sogenannten Sonnenwindes, der übrigens durch Zusammenstoß mit Molekülen in der Atmosphäre des Planten für die Polarlichter sorgt. Vermehrter Auswurf also – ein weiteres Symptom!

Wie viele Krankheiten entstehen auch die Sonnenflecken nicht ohne Ursache und weisen auf Irritationen im Inneren des Körpers hin. Das gewaltige Magnetfeld der Sonne unterliegt an einigen Stellen lokalen Störungen. Diese magnetischen Störungen behindern das Austreten der inneren Hitze der Sonne, so dass diese nicht mehr im vollen Maße die Oberfläche erreicht.

Der elfjährige Sonnenfleckzyklus wirkt also auf den ersten Blick wie eine ernste Erkrankung – eine Behandlung kann aber ausbleiben, da dieser physikalische Zyklus unbedingt erhaltenswert ist und uns nicht zuletzt schöne Polarlichter auf der Erde beschert.

HUBERTS INFOBOX

Polarlichter entstehen, wenn der Sonnenwind vom Magnetfeld eines Planeten eingefangen wird. Da das Magnetfeld bei jedem Planeten im Nord- und Südpol endet, sieht man die Polarlichter nur ganz weit im Norden oder ganz weit im Süden.

In 5 Milliarden Jahren...
SO EINE SCHLIMME VERSTOPFUNG HATTE ICH NOCH NIE!
HOLT DIE TROCKEN-PFLAUMEN!!!
astro-comics.de

Implosives Ende

Wie wir im letzten Cartoon erfahren haben, hat unsere Sonne von Zeit zu Zeit leichte gesundheitliche Probleme. Die meisten Sterne führen eine sehr stabile und gesunde Existenz, die sich gerne mal über zehn Milliarden Jahre erstrecken kann, aber ein Problem ereilt fast alle am Ende ihres Lebens: Schlimme Verstopfung! Ob man es glauben mag oder nicht, bei manchen Exemplaren entwickelt sich diese Verstopfung so drastisch, dass sie am Ende komplett explodieren!

Wissenschaftler (und wohl auch alle anderen Menschen) nennen einen Stern, der an dieser stellaren Verstopfung leidet, "Roter Riese". Dahinter steckt keine schlechte Mahlzeit oder Flüssigkeitsmangel, sondern eher, dass die Sterne irgendwann ihren Vorrat an Brennstoff aufbrauchen. Alle Sterne gewinnen ihre Energie aus einer Fusion, in den meisten Fällen wird Wasserstoff zu Helium fusioniert. Irgendwann ist der Wasserstoff aufgebraucht und die Fusion kann nicht mehr wie gewohnt stattfinden. Eine schlimme Situation für einen Stern, weshalb er anfängt, das nächst schwerere Element zu fusionieren. In diesem sogenannten Schalenbrennen wird nun Helium zu Kohlenstoff fusioniert. Bei richtig schweren Sternen setzen nach dem Heliumbrennen weitere Fusionsprozesse ein, bis der Stern irgendwann in einer Explosion seine Hülle abstößt. Ähnlich wie bei einem Menschen mit Verstopfung kann das eine ziemlich heftige Sache sein, und im äußersten Fall kann sogar ein Schwarzes Loch entstehen!

Schön und gut, aber was bedeutet das für uns? Unsere Sonne hat noch etwa fünf Milliarden Jahre vor sich, bis sie zu einem roten Riesen wird. Man könnte allerdings sagen, dass unsere Sonne nur an einer leichten Form der Verstopfung leiden wird, immerhin wird sie nicht in einer Supernova explodieren. Dafür ist ihre Masse einfach zu niedrig. Ihre Ausdehnung wird allerdings immer noch dafür sorgen, dass Merkur und Venus komplett verschlungen werden, voraussichtlich wird die Sonne dann kurz vor der Erde stoppen. Die Erde wird also nicht aufgefressen, aber dennoch komplett verbrannt. Und dann? Dann wird sich, wie das immer irgendwann der Fall ist, die Verstopfung in einem erlösenden Schwall erledigen: Die Sonne implodiert zu einem Weißen Zwerg - ein winzig kleiner, super verdichteter Sternenüberrest.

Hubert hat schon den gesamten Trockenpflaumen-Vorrat der Republik aufgekauft, um das Schicksal der Sonne noch abzuwenden, aber leider müssen wir seine Hoffnung zerstören: Gegen stellare Verstopfung sind Trockenpflaumen absolut wirkungslos.

MERKUR

Merkur ist ein wahrer Winzling unter den Planeten. Im Durchmesser ist er nur so groß wie die USA, also fast schon ein Zwerg. Deswegen versteht er sich auch so gut mit Pluto. Allerdings gestaltet sich die Kommunikation zwischen den beiden etwas schwierig, da Pluto sich am anderen Ende des Sonnensystems befindet. Hubert saust manchmal als interplanetare Brieftaube zwischen beiden hin und her. Merkur erzählt in seinen Briefen immer stolz von seinen vielen Kratern, so zum Beispiel vom mehr als 1500 Kilometer breiten Krater Caloris-Becken. Das lässt selbst unseren Mond mit seiner ausgeprägten Kraterlandschaft erblassen. Die beiden sehen sich aber trotzdem zum Verwechseln ähnlich, Merkur ist nur ein bisschen größer als unser Erdtrabant. Kein Wunder, dass viele Astronomen davon überzeugt sind, dass Merkur einmal ein Mond von Venus war.

Auch wenn Venus meint, sie stünde immer im Mittelpunkt, fühlt sich Merkur doch viel mehr zur Sonne hingezogen. Er hängt ihr schon fast am Rockzipfel. Nur 58 Millionen Kilometer liegen im Durchschnitt zwischen ihnen. Das ist in astronomischen Maßstäben nicht besonders viel. Merkur ist einerseits froh, so nah an der Sonne zu sein, so können ihm die anderen Planeten nicht so viel anhaben. Aber die Nähe mache ihn auch zu einem kleinen Jammerlappen, sagt Hubert immer. Denn er leidet regelmäßig unter großen Temperaturschwankungen. Auf der sonnenzugewandten Seite schwitzt Merkur bei mehr als 420 Grad Celsius. Und nachts, auf der sonnenabgewandten Seite, bibbert er bei minus 173 Grad Celsius. Warum das so ist, erfahrt Ihr in einem weiteren Kapitel.

Ungeschlagen bleibt der kleine Merkur aber in Sachen Geschwindigkeit. Mit flotten 47 Kilometern pro Sekunde saust er um die Sonne herum. Hubert wird immer schwindelig, wenn er Merkur dabei beobachtet. Und da er ein so hohes Tempo drauf hat, benötigt Merkur auch nur 88 Tage für einen Umlauf um die Sonne. Ein kleiner Planet mit Nörgeltendenz aber ungeschlagene Nummer 1 auf der Planetenbahn.

Boah, mir ist heiß!
Und nachts meckerst du immer, dass dir zu kalt ist!
astro-comics.de

Heiß oder kalt?

Also Merkur, Du kannst dich aber auch wirklich nicht entscheiden. Mal ist dir zu heiß, mal wieder zu kalt, man weiß nie, ob du eine eisgekühlte Limonade oder doch lieber einen dampfenden Tee brauchst. Du machst es einem wirklich nicht leicht. Wobei – eigentlich kannst Du ja gar nichts dafür, dass Du unter Temperaturschwankungen leidest.

Merkur ist der sonnennächste Planet und dementsprechend heiß wird es auf seiner Oberfläche. Ganze 430 Grad kann es auf der sonnenbeschienenen Seite werden. Dass man da ins Schwitzen kommt, ist ja wohl klar. Was aber viel interessanter ist, ist die sonnenabgewandte Seite. Denn hier muss Merkur bibbern bei minus 170 Grad Celsius – und das, obwohl er von allen Planeten am nächsten an unserer Sonne dran ist. Minus 170 Grad ist auf der Erde nicht denkbar, obwohl wir viel weiter weg sind und dementsprechend weniger Wärme abbekommen. Wie können solche Temperaturunterschiede entstehen?

Wir auf der Erde haben Glück. Wir genießen im Sommer warme Temperaturen um die 30 Grad. Im Winter freuen wir uns bei gemäßigten Minustemperaturen über ein bisschen Schnee. Das perfekte Klima, um hier zu leben. Das haben wir unter anderem unserer Atmosphäre zu verdanken, die die Wärme der Sonne speichert und gleichzeitig unseren Planeten schützt. Merkur umgibt nur eine hauchdünne Atmosphäre, die das nahe Sonnenlicht nicht speichern oder abschirmen kann. Er ist der vollen Sonnenstrahlendröhnung ausgesetzt. Und deswegen wird es tagsüber so heiß, und nachts wird es eisig, weil tagsüber keine Wärme gespeichert wurde. Eisig ist übrigens das richtige Stichwort: Denn die Messenger-Sonde hat an Merkurs Nordpol Eisschichten entdeckt. Diese Krater sind so geformt, dass das Sonnenlicht nicht hineinscheinen kann – gut für Merkur, wenn ihm wieder zu heiß ist, kann er seine Limonade mit hauseigenem Eis kühlen.

Ein Tag auf mir dauert 1407 Stunden!

Genau so lange wie ein Montag auf mir!

astro-comics.de

Merkur

Was für ein Tag...

So ein Tag auf Merkur ist nichts für schwache Gemüter. Wir haben im letzten Cartoon ja bereits gelernt, dass es auf Merkur tagsüber sehr heiß und nachts überaus kalt wird. Selbst mit der besten Outdoor-Ausrüstung würde man wohl keine 24 Stunden auf Merkur überleben – aber apropos 24 Stunden: Wie lange dauert eigentlich ein Tag auf Merkur?
Um dies zu klären, müssen wir uns erstmal eine andere Frage stellen, die Euch auf den ersten Blick vielleicht sehr einfach vorkommt: Was ist ein Tag? Für uns Menschen ist ein Tag meistens die Zeitspanne zwischen dem Aufstehen und Zubettgehen.
Eigentlich ist der Lauf der Zeit aber natürlich nicht ausgesetzt, während wir schlafen. Da die Erde sich auch in dieser Zeit weiter dreht, könnte man einen Tag im astronomischen Sinne auch wie folgt definieren: Die Zeit, die ein Planet benötigt, um sich einmal komplett um die eigene Achse zu drehen. Die Erde braucht dafür 23 Stunden und 56 Minuten. Diese Definition eines Tages nennt man Sterntag.

Merkur vollzieht diese Drehung wesentlich langsamer. Er braucht für eine komplette Rotation sage und schreibe 1416 Stunden (ca. 59 Erdentage)! Ein Sterntag ist auf Merkur also fast 60 Mal länger als auf der Erde.
Bedeutet das, dass auf Merkur nur alle 1416 Stunden die Sonne aufgeht? Nicht ganz, denn der Rhythmus der auf- und untergehenden Sonne entspricht nicht zwingend der Drehung eines Planeten um seine eigene Achse. Die Erde braucht 23 Stunden und 56 Minuten für eine Umdrehung – wenn Ihr die Sonne tagsüber während ihres höchsten Stands am Himmel beobachtet, müsstet Ihr allerdings volle 24 Stunden warten, bis sie genau wieder an der gleichen Position steht. Diesen Zeitraum zwischen zwei Sonnenhöchstständen nennt man Sonnentag. Sterntag (Drehung der Erde um sich selbst) und Sonnentag (Zeit zwischen zwei Sonnenhöchstständen) unterscheiden sich auf der Erde also um 4 Minuten – sie sind also fast identisch.

Auf Merkur andererseits unterschieden sich der Stern- und der Sonnentag ganz gravierend! Merkur dreht sich super schnell um die Sonne, er braucht dafür nur ungefähr 88 Tage (88 Tage sind also ein Merkur-Jahr). Wir hatten aber auch schon festgestellt, dass ein Tag auf Merkur ca. 59 Erdentage dauert – ein Merkur-Jahr ist also nur ein bisschen länger als ein Merkur-Tag. Durch diese schnelle Drehung um die Sonne, ist die Sonne nicht jedes Mal zu sehen, wenn Merkur sich ein Mal um sich selbst gedreht hat. Tatsächlich müsstet Ihr ganze 176 Erdentage auf einen Sonnenaufgang auf Merkur warten (falls Ihr solange durchhalten würdet). Da ein Merkurjahr nur aus 88 Tagen besteht, geht die Sonne auf Merkur also tatsächlich nur alle 2 Jahre auf. Auf Merkur hat man also genügend Zeit, um den Tag oder die Nacht voll auszukosten!

Könntest du bitte endlich aufhören, mich mit diesem Magneten zu ärgern, Erde?!
Ich finde deine inneren Werte einfach zu anziehend, Merkur!
astro-comics.de

Weiche Schale, harter Kern

Nanu, warum kann Mars denn Merkur mit seinem Magneten so gut anziehen? Die Oberfläche von Merkur besteht zwar wie bei allen inneren Planeten aus Stein, er besitzt allerdings einen ungewöhnlich großen Eisenkern. Merkur ist ein echter Winzling unter den Planeten, aber aufgrund des Eisenkerns ist er für seine Größe ziemlich schwer. Ein bisschen wie ein kleiner dicker Junge.

Solltet Ihr also irgendwann mit einer Schaufel auf Merkur den Boden umgraben, werdet Ihr sehr schnell auf eine undurchdringbare Schicht aus Eisen stoßen. Tatsächlich besteht Merkur fast nur aus diesem Eisenkern: Wäre Merkur eine Orange, dann wäre seine Oberfläche die Schale und das gesamte Fruchtfleisch der Eisenkern. Bei unserer Erde ist das Verhältnis von Planetenoberfläche zum Planetenkern ausgewogener und ließe sich eher mit dem Verhältnis von Schale zu Fruchtfleisch bei einer Wassermelone vergleichen.

Ihr fragt euch vielleicht, warum Merkur so einen großen Eisenkern besitzt und die anderen Planeten nicht. Hubert hat ein bisschen in Merkurs Vergangenheit gekramt und hat eine erstaunliche Antwort gefunden: Merkur könnte der Überrest eines viel größeren Planeten sein. Einige Forscher glauben, dass dieser größere Ur-Merkur von einem anderen Planeten gerammt wurde und dabei fast gänzlich zerstört wurde. Nur sein innerer Kern konnte die Kollision überleben. Wenn diese Theorie stimmen sollte, ist Merkur also nur der übriggebliebene Kern eines zerstörten Protoplaneten.

Merkur hat von diesem Zusammenstoß sogar eine Art Narbe davon getragen: Das sogenannte Caloris-Becken. Es handelt sich um einen imposanten Einschlagskrater, der sich über 1.500 Kilometer erstreckt und damit ungefähr so groß wie Texas ist.

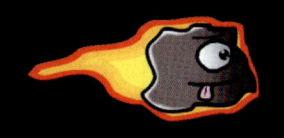

HUBERTS INFOBOX

Es gibt auch Wissenschaftler, die eine andere Theorie zu Merkurs Entstehung vertreten. Sie behaupten, dass Merkur einst ein Mond von Venus war, der sich dann durch eine Kollision von Venus entfernte und seitdem selbstständig um die Sonne kreist.

VENUS

Für Venus ist das ganze Sonnensystem ein riesiger Schönheitssalon. Der zweite Planet legt besonders viel Wert auf Aussehen und Accessoires und ruft damit bei den anderen Planeten das ein oder andere Augenrollen und mitleidiges Lächeln hervor. Venus ist das egal. Denn als Morgen- und Abendstern kann ihr tatsächlich keiner in Sachen Schönheit und Helligkeit nachstehen. So schön Venus auch am Himmel scheinen mag – besonders gastfreundlich ist die Dame des Sonnensystems leider nicht. Sie umhüllt sich selbst mit einer dicken Wolkenschicht und verbirgt ihre inneren Werte. Dabei können die sich sehen lassen! Hubert hat sich deshalb einmal auf den Weg zu ihr gemacht.

Durchbricht man ihre dichte Atmosphäre aus Kohlendioxid und Schwefelsäure, landet man in einer komplett anderen Welt, auf der ein Tag länger als ein ganzes Jahr dauert und die Sonne im Westen aufgeht. Venus tanzt mal wieder aus der Reihe und dreht sich einfach anders herum als alle anderen Planeten. Auch damit brüstet sie sich natürlich – Venus ist halt eine kleine Angeberin. Hubert wurde es aber schnell ungemütlich auf der Oberfläche. Denn auf Venus ist es heißer als auf Merkur, 470 Grad im Durchschnitt. Was zunächst verwundert, da Merkur der Sonne doch viel näher ist. Schuld ist die dichte Atmosphäre, die die Wärme der Sonne dauerhaft auf Venus speichert.

Doch nicht nur die Hitze hat Hubert auf seinem Abstecher zu schaffen gemacht. Venus hat ihn einfach zu sehr unter Druck gesetzt. So ist es eben mit den eitlen Frauenzimmern im Sonnensystem. Der Druck der Atmosphäre auf der Oberfläche ist 90 Mal so hoch wie auf der Erde. Das hält kein Mensch und auch kein Hubert aus. Deswegen werden wir die wahren Schönheiten der Venus auch niemals persönlich erforschen können. Aber das macht nichts, die hübsche Quasselstrippe teilt uns in den folgenden Kapiteln auch so allerhand Wissenswertes über sich mit.

Ich wette, Venus Vorsatz für's neue Jahr ist eine ausgiebige Diät....

ICH BIN NICHT DICK! DAS IST NUR MEINE ATMOSPHÄRE!

astro-comics.de

Die Treibhausdiät

Einer Dame ins Gesicht zu sagen, dass sie übergewichtig ist, gilt als zutiefst unhöflich. Zum Glück ist das bei Venus auch überhaupt nicht nötig, denn ihre vermeintlichen Pfunde sind nichts anderes als ihre Atmosphäre.

Eine Atmosphäre ist eine Mischung verschiedener Gase, die einen Planeten oder Stern umgibt und die von dessen Schwerkraft festgehalten wird. Wir müssen gar nicht weit in den Weltraum schauen, um solche Gasschichten zu entdecken – auch unsere Erde ist von einer solchen Schutzhülle umgeben. Für uns ist das überlebenswichtig, denn die Atmosphäre speichert den Sauerstoff, den wir zum Atmen brauchen, und reguliert die Temperatur auf unserer Erde. Würde die Atmosphäre plötzlich verschwinden, könnte unser Planet die Wärme der Sonne nicht speichern und wir würden erfrieren. Planeten ohne Atmosphäre sind also nicht besonders lebensfreundlich.

Nun könnte man im Umkehrschluss auf die Idee kommen, dass alle Planeten mit Atmosphäre die Voraussetzungen für Leben bieten würden. Weit gefehlt! Venus und ihre dicke – pardon – dichte Atmosphäre sind vermutlich der lebensfeindlichste Ort unseres Sonnensystems. Zunächst wiegt die Atmosphäre der Venus viel mehr als die der Erde – womit wir nun doch ein gewisses Übergewicht festgestellt haben. Sorry, Venus! Sie ist 90 Mal schwerer als die irdische Atmosphäre, womit auf der Venusoberfläche ein extremes Gewicht auf jedem Besucher lasten würde. Wissenschaftler haben herausgefunden, dass der Luftdruck auf der Venusoberfläche so hoch ist, dass er dem Druck in 900 Metern unter der Meeresoberfläche entsprechen würde – ohne Tauchanzug! Man würde also zerquetscht werden.

Als wäre das noch nicht unangenehm genug, wird es auf der Venus auch noch unvorstellbar heiß, es herrschen Temperaturen von ca. 400 Grad. Dies liegt ebenfalls an der Atmosphäre, die zu einem großen Teil aus Kohlendioxid besteht. Dieses Gas existiert auf der Erde auch, allerdings in viel geringerem Ausmaß. Es wird unter anderem durch Fabriken ausgestoßen und schadet dadurch der Atmosphäre. Da die Venus-Atmosphäre fast nur aus Kohlendioxid besteht, kommt es zu einem extremen Treibhauseffekt. Die Hitze kann den Planeten nicht verlassen und sorgt für dauerhaft heiße Temperaturen – wie in einem Ofen.

Die dichte und tödliche Atmosphäre macht eine Reise zur Venus also so gut wie unmöglich. Vielleicht wäre doch mal eine Diät angesagt?

"Du bist echt voll die Zicke, Sonne!"

"Wenigstens habe ich nicht diesen ekligen Vulkan-Ausschlag!"

astro-comics.de

Zickenkrieg im Sonnensystem

Na, Mädels! Streiten bringt doch nichts und außerdem wollt Ihr doch nicht als kosmische Zicken gelten, oder?
So ganz aus der Luft gegriffen sind die Vorwürfe der beiden Damen jedoch nicht. Vor allem die Sonne trifft mit ihrem Kommentar über die Vulkane auf Venus einen wunden Punkt. Denn tatsächlich ist die Oberfläche unseres Nachbarplaneten Venus mit unzähligen Vulkanen übersät, die den Vulkanismus jedes anderen Objekts im Sonnensystem in den Schatten stellen.

Die Venusvulkane sehen allerdings etwas anders aus als die meisten irdischen. Sie sind ziemlich flach und heben sich kaum von der restlichen Oberfläche ab, man könnte sie auch „Pfannkuchenvulkane" nennen – aber lasst das nicht Venus hören! Eine Ausnahme bildet der Vulkan Maat Mons, dessen Höhe acht Kilometer beträgt. Ein Vulkan fast so hoch wie der Mount Everest – das klingt bedrohlich!

Vor kurzem haben Wissenschaftler herausgefunden, dass viele Vulkane auf Venus noch aktiv sind. In einer Region wurde aufgrund eines Vulkanausbruchs eine Temperatur von 800 Grad gemessen, das ist ungefähr das Doppelte der durchschnittlichen Venustemperatur. Und auch Maat Mons könnte noch aktiv sein, auch wenn sein letzter Ausbruch wohl mindestens 10 Millionen Jahre zurück liegt...

Es ist gut möglich, dass die Vulkane durch den Ausstoß von Kohlendioxid dazu beigetragen haben, dass die Venusatmosphäre sich verdichtete und der Planet sich in der Folge derart aufheizte. Die Aussicht auf acht Kilometer hohe aktive Vulkane ist für uns Menschen jedenfalls ein Grund mehr, den Planeten Venus nicht als bevorzugtes Reiseziel für unsere nächsten Raumflüge auszuwählen... auch wenn das bedeutet, dass Venus dann vielleicht wieder rumzickt.

HUBERTS INFOBOX

Venus ist zwar ungeschlagener Vulkan-Champion, aber auch unsere Erde hat einige aktive Vulkane zu bieten! Insgesamt gibt es bei uns rund 1.900 aktive Vulkane. Jedes Jahr brechen 50-60 davon aus.

Hey Venus! Nennt man dich Morgenstern, weil du morgens immer so gut drauf bist?!

Ach, halt die Klappe!

astro-comics.de

Der Morgenmuffelstern

Mit so einer Antwort hat die Erde wohl nicht gerechnet. Da stellt man eine harmlose Frage und kriegt direkt sein Fett weg. Kein Wunder, Venus ist einfach mies drauf, zumindest am frühen Morgen und vor allem in solchen Monaten, wenn sie als Morgenstern engagiert wird. Sie ist einfach keine Frühaufsteherin – aber ganz ehrlich, wer ist das schon? Venus steht im Grunde genommen jeden Morgen mit dem falschen Bein auf. Und da ein Venustag ganze 243 Erdentage dauert, ist das ein ziemlich langer muffeliger Morgen. Wer sie in dieser Stimmung anspricht, kriegt eben wie die Erde eine pampige Antwort.

Aber was meint die Erde überhaupt mit "Morgenstern"? Venus ist doch ein Planet. Und Planeten sind bekanntlich keine Sterne. Sterne leuchten von selbst. Planeten reflektieren nur das auf sie aufprallende Sternenlicht. Warum also hat Venus diese Auszeichnung überhaupt verdient? Hubert würde ihr wegen ihrer Stimmungsschwankungen eher den Titel des größten Morgenmuffels im Sonnensystem überreichen.
Man bezeichnet Venus als Morgenstern, da sie in der Dämmerung kurz vor Sonnenaufgang oft als letzter hell strahlender Punkt am Himmel gesichtet wird – nicht selten wird sie auch zum UFO degradiert, aber das sagen wir ihr besser nicht. Sie befindet sich als Morgenstern auf der Überholspur und bewegt sich auf der Umlaufbahn um die Sonne schneller als die Erde. Und dass sie uns so hell erscheint, liegt an ihrer dichten Atmosphäre, die mehr als 75 Prozent des dort ankommenden Lichtes reflektiert. Deswegen ist sie nach Sonne und Mond das hellste Objekt an unserem Nachthimmel und überstrahlt sogar den hellsten Stern Sirius.

Die Morgenmuffel unter euch, die Venus als Morgenstern noch nie live gesehen haben, eben weil das frühe Aufstehen so unangenehm ist, können sich freuen: alle sieben Monate, wenn sie sich nämlich auf der Umlaufbahn wieder hinter der Erde befindet, wird Venus zum Abendstern und ist der erste leuchtende Lichtpunkt am Himmel, sobald die Sonne sich verabschiedet hat.

Ganz schön viel zu tun für die arme Venus - da ist die schlechte Laune ausnahmsweise mal verzeihlich.

ERDE

Die Erde. Der schönste Planet in unserem Sonnensystem. Das denkt sich zumindest Hubert, unser Roboter. Er findet, die Erde ist besonders und einzigartig in unserem Sonnensystem. Und da hat er Recht, oder? Immerhin ist sie der einzige Planet, auf dem sich ein kleines Wunder abspielt: Das Leben. Unser Heimatplanet liegt in der perfekten Entfernung zu unserem Stern, der Sonne, um genau zu sein: 150 Millionen Kilometer im Durchschnitt, wobei die Entfernung während eines Umlaufes schwankt. Damit liegt sie in der sogenannten habitablen Zone, also der Bereich um einen Stern herum, wo sich auf einem Planeten theoretisch Leben entwickeln kann – nicht zu heiß wie auf Venus, aber auch nicht zu kalt wie auf Mars.

Der blaue Planet ist der fünftgrößte in unserem Sonnensystem und gehört zu den vier inneren Gesteinsplaneten. Er ist mehr als vier Milliarden Jahre alt und sein Durchmesser beträgt mehr als 12.000 Kilometer. 150 Millionen, 12.000… Das sind Zahlen, die wir uns gar nicht vorstellen können. Auch nicht Hubert. Daher seine Überlegung: Wenn die Sonne so groß wie ein Gymnastikball wäre, dann dürfte die Erde nicht größer als eine winzige grüne Erbse sein. Vom Sonnengymnastikball bis zur Erderbse müssten wir 107 Meter Fußmarsch zurücklegen.

Unsere Erde ist ein faszinierender Planet, über den es allerhand zu berichten gibt. Zum Beispiel, dass ihr Kern aus Nickel und Eisen besteht. Oder dass auf ihr Jahreszeiten herrschen, was nicht selbstverständlich ist für einen Planeten. Unser Planet wirft aber auch viele Fragen auf: Woher kommt das ganze Wasser? Wie viele Menschen leben eigentlich auf der Erde? Und, und, und. Es gibt so viele spannende Details über unseren Heimatplaneten zu berichten, dass man Bücher füllen könnte. In diesem Kapitel zeigt Hubert euch genau diese Begebenheiten unseres Heimatplaneten. Viel Spaß beim Entdecken!

Alter, wie viel Durst hast du denn bitte?!

glug glug

astro-comics.de

Erde

Der blaue Planet

Da hat Mars aber ganz schön Durst! Gut, dass die Erde ausreichend Wasser getankt hat. 1,386 Trilliarden Liter, um genau zu sein. Wasser ist für jeden von uns selbstverständlich. Ihr kennt es vom täglichen Zähneputzen, aus dem Schwimmbad oder auch von nassen Herbsttagen. Da fällt das Wasser oft wie aus Eimern vom Himmel und man ärgert sich über schlechtes Wetter. Neulich stand Hubert an so einem Tag am Fenster und wunderte sich: Wo kommt eigentlich das ganze Wasser her? Und die Antwort ist erstaunlich: Es ist vor Milliarden Jahren aus dem Weltall zu uns gekommen.

Wie denn das, fragt Ihr euch jetzt? Nun, da gibt es zwei Gruppen von Wissenschaftlern, die sich in ihren Theorien zwar nicht einig sind, aber dennoch ergänzen. Die einen behaupten, das Wasser komme aus dem Erdinneren. Die anderen halten das für nicht ausreichend und versichern, dass es von ganz weit draußen aus dem All zu uns gebracht wurde.

Aber was sagen die beiden Theorien denn genau aus? Viele Wissenschaftler meinen, dass sich das Wasser auf der Erde bereits bei ihrer Entstehung vor 4,5 Milliarden Jahren entwickelt hat. Damals ist in einer heißen Scheibe aus Staub, Gas und Eis, die um die Sonne gewirbelt ist, unsere Erde entstanden. Bei diesem Vorgang soll sich das Wasser ins Innere der Erde verdrückt haben. An die Oberfläche gelang es dann in Form von Dampf über Vulkane, wo es kondensierte und flüssig wurde. Diese Theorie nennt man nasse Akkretion. Demnach hatten die kleinen Planetesimale (also die Objekte, aus denen sich die Erde zusammenfügte) ausreichend Wasser im Schlepptau. Diese Theorie ist nicht umstritten. Allerdings kann der Wasservorrat der Planetesimale unmöglich ausgereicht haben, um all die Trilliarden Liter Wasser auf der Erde hervor gebracht zu haben. Es musste also noch eine andere Theorie geben.

Jetzt kommt die zweite Gruppe Wissenschaftler ins Spiel. Diese verfechten die trockene Akkretion. Ihr ahnt es schon: In dieser Theorie hatten die Planetesimale nicht genügend Wasser bei sich. Das heißt, die Flüssigkeit musste durch weitere extraterrestrische Objekte auf die Erde gelangt sein. In der Entstehungszeit unserer Erde ging es im Sonnensystem noch recht turbulent zu. Unsere Erde wurde ständig von Objekten getroffen, genauer gesagt von großen eisigen Steinbrocken aus dem Asteroidengürtel zwischen Mars und Jupiter. Diese brachten letztendlich das Wasser auf die Erde. Dort ist es bis heute geblieben. Und das ist auch gut so. Denn ohne das Wasser hättet Ihr euch gar nicht erst entwickeln können. Ich mich übrigens auch nicht. Das Wasser ist unser aller Lebenselixier. Also, wenn das nächste Mal jemand über den Regen draußen jammert, dann sagt Ihr, dass er sich darüber freuen soll. Denn immerhin ist das Wasser auf der Erde die Basis für unser Leben.

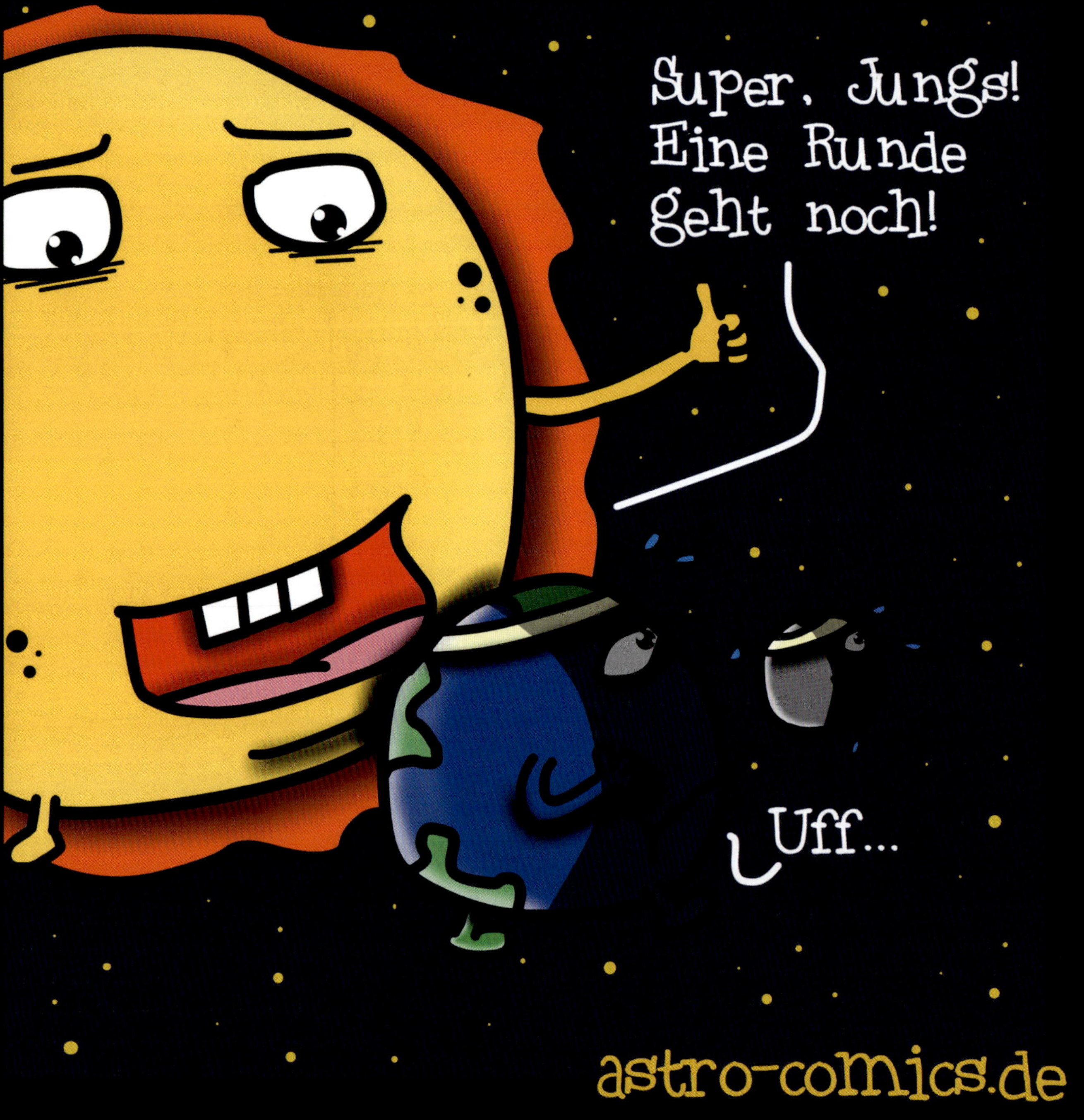
Super, Jungs! Eine Runde geht noch!
Uff...
astro-comics.de

Eine Runde geht noch!

„Super Jungs, eine Runde geht noch!", feuert die Sonne die Erde und den Mond an. Aber warum rennen die beiden Himmelskörper eigentlich seit 4,5 Milliarden Jahren im Wahnsinnstempo um ihren Stern? Nun, sie haben gar keine andere Wahl! Die Sonne treibt sie bedingungslos an. Denn aufgrund ihrer starken Anziehungskraft, genannt Gravitation, entkommen die Erde und ihr Mond dem sportlichen Kreislauf niemals. Ok, in ein paar Milliarden Jahren wird der galaktische Megamarathon beendet sein, aber das besprechen wir in einem anderen Kapitel. Wir wollen wissen, wie lange die Erde um die Sonne braucht und was das eigentlich für uns Erdlinge bedeutet.

Dass Erde und Mond fleißig um ihren Stern spurten, hat für uns eine ganz einfache Bedeutung: Ein Umlauf um die Sonne ist ein Erdenjahr. 365 Tage benötigt unser Heimatplanet, um sich einmal um die Sonne zu drehen. Eigentlich ist es sogar ein bisschen mehr: 365 Tage, 5 Stunden und 48 Minuten und 45,261 Sekunden. Diese genaue Angabe bezeichnet man als tropisches oder Sonnenjahr. Ihr findet das ziemlich pingelig? Stimmt, ist es irgendwie auch. Aber die astronomischen Gesetze können wir nicht einfach ignorieren. Ließen wir die knappen sechs zusätzlichen Stunden Jahr für Jahr einfach unter den Tisch fallen, würden Jahreszeiten und Kalender auseinanderdriften. Dann wäre Ostern im Herbst. Und wer sucht schon gerne Ostereier unter vertrocknetem Laub? Um das zu vermeiden, haben Genies gerechnet und gerechnet und schließlich das Schaltjahr erfunden.

Bestimmt habt Ihr davon schon mal gehört. Vor allem, wenn Ihr am 29. Februar geboren seid. Dann habt Ihr nur alle vier Jahre Geburtstag, nämlich im sogenannten Schaltjahr. Dem Februar wird dann (das haben sich die Römer ausgedacht, in deren römischem Kalender der Februarius der 12. Monat war) ein weiterer Tag angehängt. Das ist wichtig, damit wir dem wahren Umlauf der Erde zeitlich nicht vorauseilen. Denn wir berechnen pro Jahr ja nur 365 Tage. Und nicht mehr. Aber was ist mit den restlichen Stunden, die die Erde noch um die Sonne benötigt?

Was sind schon sechs Stunden, meint Ihr vielleicht. Aber lasst mal vier Jahre vergehen, dann sind das schon 24 Stunden, die wir zu schnell sind. Das ist immerhin ein ganzer Tag, den wir der astronomischen Zeit vorauseilen würden. Deswegen verlängern wir alle vier Jahre den Februar um einen Tag, um wieder gleich auf zu sein mit der tatsächlichen Umlaufzeit der Erde um die Sonne. Übrigens: Mit dem zusätzlichen Tag sind wir aber immer noch ein paar Minuten neben der astronomischen Zeit. Aber jetzt werden wir wirklich zu pingelig. Wir merken uns einfach: Die Erde rennt mit ihrem Mond in 365 Tagen um die Sonne und alle vier Jahre zählt unser Kalender wegen des zusätzlichen Tages 366 Tage. Das ist der Erde natürlich egal. Für sie sind es auf immer und ewig die pedantischen 365 Tage, 5 Stunden, 48 Minu... ach, Ihr wisst schon!

Eine Runde geht noch!

Bis zum Jahr 2017 haben Erde und Mond sich bereits 4,5 Milliarden Mal um die Sonne gedreht. Puh, nach so vielen blitzschnellen Runden haben unsere beiden Athleten sich wirklich ein großes Glas Wasser verdient.

HUBERTS INFOBOX

Mit einer Wahnsinnsgeschwindigkeit fegt die Erde um die Sonne. Der schnellste Sportwagen braust mit bis zu 500 Kilometer pro Stunde über die Rennstrecke. Das ist Schneckentempo im Vergleich zur Erdgeschwindigkeit. Der blaue Planet düst mit 107.208 Kilometer pro Stunde durchs All.

Ich höre Stimmen...
...Mehr Klima!...
...Ich hab' ja nix gegen Flötenspieler, aber...
...Weniger Klima!...
... Döner ist Menschenrecht...
...Bayern steigt ab...
...切面包 [切麵包]...
...Faultier schmeckt wie Hühnchen...
...Vote Trump!...
Überpopulation kann zu Schizophrenie führen...
astro-comics.de

RUUUUHE!

Du bist nicht schizophren, liebe Erde! Auf dir quasseln täglich nur sehr viele Leute herum! Aber wie viele Menschen leben eigentlich insgesamt auf unserem schönen blauen Planeten? Gar nicht so einfach zu sagen, immerhin wächst die Anzahl der Erdenbürger beständig. Man geht davon aus, dass jede Sekunde 2,5 neue Menschen geboren werden, jede Minute 160. Daraus ergibt sich ein irres Zahlenspiel, das sich auf mehren Internetseiten in Live-Uhren beobachten lässt. Manche Online-Tools errechnen sogar, der wievielte Erdenbürger Ihr seid! Hubert wurde im Jahre 1991 zusammengeschraubt. Wäre er ein Mensch, dann wäre er Nummer 5.432.625.365 auf dem Planeten gewesen.

Da seit 1991 aber eine Menge Zeit ins Land gegangen ist, ist wohl davon auszugehen, dass derzeit auf der Erde etwa 7,5 Milliarden Menschen leben. Wir könnten unsere Zeit nun damit verbringen, selig an die 2,5 neuen Menschenkinder zu denken, die gerade jetzt (und jetzt schon wieder) auf die Welt gekommen sind; wir könnten sie aber auch nutzen, um zu klären, wie viele Menschen der Planet überhaupt beherbergen kann!

Ein begrenzender Faktor für menschliches Leben auf dem Planeten ist die Nahrungsmittelproduktion. Wie viele Menschen der Planet ernähren könnte, hängt natürlich vor allem davon ab, was die Menschen essen. Eine gesunde Heuschrecken-Diät ernährt auf Dauer mehr Menschen als jeden Tag ein Steak. Auch ganz essentielle Dinge wie Sauerstoff sind natürlich begrenzt. Deren Erhalt ist von vielen Faktoren abhängig, wie ein schonender Umgang mit dem Regenwald (also weniger Toilettenpapier benutzen!). Die vielen Unwägbarkeiten machen eine präzise Angabe einer Obergrenze für Erdbewohner schwer. Viele Wissenschaftler haben aus all den Faktoren folgende Zahl herausgerechnet: Maximal 10 Milliarden Einwohner kann der Planet verkraften.

Mit etwas mehr Heuschrecken zum Mittagessen und etwas weniger Klopapier-Konsum geht aber vielleicht sogar noch mehr! In diesem Sinne: Herzlich Willkommen, liebe 3.200 neue Mitmenschen, die geboren wurden, während Ihr diesen Text gelesen habt.

MOND

Er sorgt für Sonnenfinsternisse, für Flut und für Ebbe und bei abergläubischen Menschen auch für ein gutes Tomatenwachstum - genau, die Rede ist von unserem Mond. Ein Mond an sich ist eigentlich gar nichts Besonderes. Schauen wir uns Jupiter oder Saturn an, die haben sogar mehr als 60 Monde um sich herum schwirren. Die Erde kann froh sein, dass sie nur einen Trabanten hat. Aber diese kleine Steinkugel im Erdorbit ist für uns Menschen von großer Bedeutung, weswegen ihr im Gegensatz zu den anderen Monden des Sonnensystems ein eigenes Kapitel gewidmet wird.

Natürlich liegt die Bedeutung des Mondes nicht im Wachstum von Tomaten oder gesundem Wasser, dass bei Vollmond an einer Bergquelle abgezapft wurde - nein, der Mond spielt im Leben der Menschen eine ganz andere Rolle. Immerhin ist er das einzige extraterrestrische Himmelsobjekt das je von uns Menschen besucht worden ist. Einst entstanden aus einem galaktischen Zusammenprall zwischen Erde und einem anderen Protoplaneten ist der Mond heute das hellste Objekt am Nachthimmel und bringt uns Menschen ein bisschen Licht in finsterer Nacht.

Der Mond ist für die Erde ein lebenswichtiger Begleiter, er hält die Erde stabil und sorgt dafür, dass sich die Achsenneigung der Erde nicht verändert. Dass wir uns also auf Sommer und Winter freuen können, haben wir auch unserem Mond zu verdanken. Die Aufzählung lässt sich noch weiter fortsetzen und in den folgenden Seiten sehen wir, warum der Mond für die Erde ein so wichtiger Begleiter ist. Wenn Ihr das nächste Mal in Richtung Himmel schaut, dann wisst Ihr: wenn es den Mond nicht gäbe, sähe das Leben auf der Erde ganz anders aus.

Stimmt es, dass ich mal ein Teil von dir war, Erde?
Das bist du doch immer noch, Mond
Ein riesiger Teil meines Herzens!
astro-comics.de

Ein Teil von uns

Der Mond fasziniert die Menschen schon seit Ewigkeiten. Wahrscheinlich haben bereits die Menschen vor mehreren tausend Jahren zu ihm herauf geblickt und sich genau die gleichen Fragen gestellt, die uns heute in den Sinn kommen, wenn wir den Blick nachts nach oben richten: Was ist der Mond eigentlich? Und wie ist er entstanden?

Die erste Frage ist relativ leicht zu beantworten: Der Mond ist ein ziemlich großer Steinbrocken, dessen Oberfläche ungefähr vier mal so groß ist wie Europa. Er ist also für uns Menschen ein riesiges Objekt, aber immer noch viel kleiner als die Erde.

Und woher kommt dieser steinige Begleiter? Man glaubt heute, dass der Mond einst ein Teil der Erde war. Als die US-Amerikaner im Jahre 1969 das erste Mal Astronauten auf den Mond geschickt haben, haben diese Gestein mitgebracht und Wissenschaftler haben herausgefunden, dass der Mond der Erde sehr ähnlich ist. Aber wie wurde der Mond zum Mond, wenn er denn mal Teil der Erde war? Sehr wahrscheinlich hatte die Erde vor sehr langer Zeit (vor fast 4,5 Milliarden Jahren!) einen Zusammenstoß mit einem anderen Planeten. Dieser Planet hieß Theia und ist bei der Kollision komplett zerstört worden. Als Erde und Theia gegeneinander gekracht sind, ist ein größeres Stück der Erde abgebrochen. Ihr ahnt es schon: Dieses Stück wurde dann im Laufe der Zeit zu unserem Mond.

Wenn Ihr das nächste mal länger wach seid und hoch zum Mond schaut, könnt Ihr also daran denken, dass Ihr einen ehemaligen Teil unserer Erde betrachtet. Sozusagen der kleine Bruder unseres Heimatplaneten, der uns immer treu zur Seite stehen wird und uns ein wenig Licht in dunklen Nächten schenkt.

HUBERTS INFOBOX

Wusstet Ihr, dass wir immer dieselbe Seite des Mondes sehen? Die Drehung von Erde und Mond ist durch ihre gegenseitige gravitative Wirkung so aufeinander abgestimmt, dass immer die gleiche Mondseite der Erde zugewandt ist. Man nennt die Rückseite des Mondes deswegen auch „Dunkle Seite" – diese Bezeichnung ist allerdings nicht ganz richtig, da auch die dunkle Seite regelmäßig vom Sonnenlicht beleuchtet wird. Wir können es eben nur nicht sehen.

Stimmt was nicht, Mond?
Die Stelle juckt wieder.
Danke vielmals!
astro-comics.de

Armer Mond! Da hat doch tatsächlich jemand eine Flagge in seine Oberfläche gesteckt, die dort nach wie vor festsitzt – und das schon seit 1969. Kein Wunder, dass die Stelle mittlerweile ordentlich juckt. So leid uns der Mond tut, wir dürfen nicht unter den Tisch kehren, welch historisches Ereignis damit verbunden war: Die erste Mondlandung!

Im Jahre 1961 verkündete der damalige amerikanische Präsident John F. Kennedy, dass die USA noch in dem gleichen Jahrzehnt den Mond erreichen würden. Und tatsächlich: Nachdem man viel Geld, Material, Personal und Fleiß investiert hatte, gelang es 1969 im Rahmen der Apollo-11-Mission, die ersten Astronauten zum Mond zu schicken. Mitglieder der Mission waren Neil Armstrong, Michael Collins und Buzz Aldrin. Collins blieb im Raumschiff Columbia zurück, während Neil Armstrong und Buzz Aldrin als erste Menschen überhaupt einen außerirdischen Himmelskörper betraten. Armstrong als Kapitän der Mission durfte den ersten Schritt auf den Mond wagen und sprach dabei seine berühmten Worte „Das ist ein kleiner Schritt für einen Menschen, ein großer Sprung für die Menschheit!".

600 Millionen Menschen schauten sich das Ereignis im Fernsehen an – es war tatsächlich ein historischer Schritt für die gesamte Menschheit, da es doch der Beweis war, dass wir fähig sind, unseren Heimatplaneten zu verlassen und andere Welten zu betreten. Dafür kann der Mond doch ein bisschen Jucken in Kauf nehmen, oder?

Heute gibt es einige Menschen, die behaupten, dass die Mondlandung nur inszeniert gewesen und tatsächlich in einem Filmstudio gedreht worden sei, um die Überlegenheit der USA zum Ausdruck zu bringen. Für diese Verschwörungstheorie gibt es allerdings keinerlei Argumente, weswegen Hubert manchmal sauer wird, wenn er damit konfrontiert wird. Er ist der Meinung, dass die Mondlandung ein gigantischer wissenschaftlicher Erfolg war und dass die Leute, die dies abstreiten, einfach nicht gut genug informiert sind.

Übrigens gab es nach Apollo 11 noch 5 weitere Mondlandungen (Apollo 12-17). Insgesamt waren bis heute 12 Menschen auf dem Mond, allesamt Amerikaner. Wann wohl der erste Europäer den Mond betritt und eine weitere Flagge in die Oberfläche stecken kann?

"Du kannst jetzt aufhören, dich hinter dem Mond zu verstecken, Sonne! Ich sehe deine Korona!"

Versteckspiel im Weltraum

astro-comics.de

Hey, wer hat das Licht ausgemacht?

Vögel verstummen, die Temperatur fällt merklich und es wird schlagartig dunkel - wer sowas beobachtet, wird wahrscheinlich gerade Zeuge einer Sonnenfinsternis. Dieses Naturschauspiel beflügelt die Fantasie der Menschheit schon seit Jahrtausenden. Eine wissenschaftliche Erklärung vermochten unsere Vorfahren noch nicht zu liefern. In China ging man beispielsweise lange davon aus, dass ein Drache die Sonne auffrisst - und sie offensichtlich danach wieder ausspuckt, weil sie zu heiß ist.

Mindestens genau so spannend wie die altertümlichen Erklärungsversuche ist aber die wahre Ursache: Unser Stern, die Sonne, wird von der Erde aus gesehen vom Mond verdeckt. Was für ein Glück, dass wir so etwas überhaupt erleben dürfen! Auf Merkur oder Venus wäre eine Sonnenfinsternis undenkbar, da diese Planeten gar keinen Trabanten besitzen, der die Sonne verdecken könnte. Wenn die Sonne hinter dem Mond gar nicht mehr zu sehen ist, spricht man von einer totalen Sonnenfinsternis. Hubert findet das verwirrend. Immerhin ist der Mond doch viel kleiner als die Sonne – wie kann er sie dann komplett verdecken? Dies liegt an den unterschiedlichen Entfernungen der beiden Objekte. Der Mond ist zwar klein, aber dafür nah an der Erde – die Sonne ist groß, aber weiter von der Erde entfernt.

Bei einer Sonnenfinsternis steht der Mond also zwischen Erde und Sonne. Da der Mond sich um die Erde dreht, kann es aber auch dazu kommen, dass die Erde genau zwischen Sonne und Mond steht. Das Sonnenlicht wird dann von der Erde abgeschirmt und erreicht den Mond nicht mehr, so dass er von der Erde aus nicht mehr zu sehen ist. Ihr erratet sicherlich schon, wie man ein solches Ereignis nennt, oder? Man spricht dann von einer Mondfinsternis.

HUBERTS INFOBOX

Selbst bei einer totalen Sonnenfinsternis ist die Korona der Sonne hinter dem Mond zu erkennen. Die Korona ist der äußerste Bereich der Sonne, der äußerst heiß ist.
Es ist gefährlich, bei einer Finsternis in die Sonne zu schauen, da man nie genau feststellen kann, ob nicht doch noch gefährliche Strahlung auf die Erde gelangt. Man sollte deswegen bei einer Sonnenfinsternis immer eine spezielle Brille tragen!

MARS

Mars ist richtig schlimm eingerostet. Deswegen spielt er auch nicht so gerne mit den anderen Planetenfußball, wenn es darum geht, Pluto in ein imaginäres schwarzes Loch zu schleudern – seine Gelenke tun ihm einfach zu weh.

Hubert findet das faszinierend, denn er weiß: Wo Rost ist, muss mal Wasser gewesen sein. Und wo flüssiges Wasser existiert, müsste es auch Leben geben, oder? Ob unser roter Nachbarplanet wirklich einst von Mars-Menschen bewohnt wurde, erfahrt Ihr auf den nächsten Seiten.

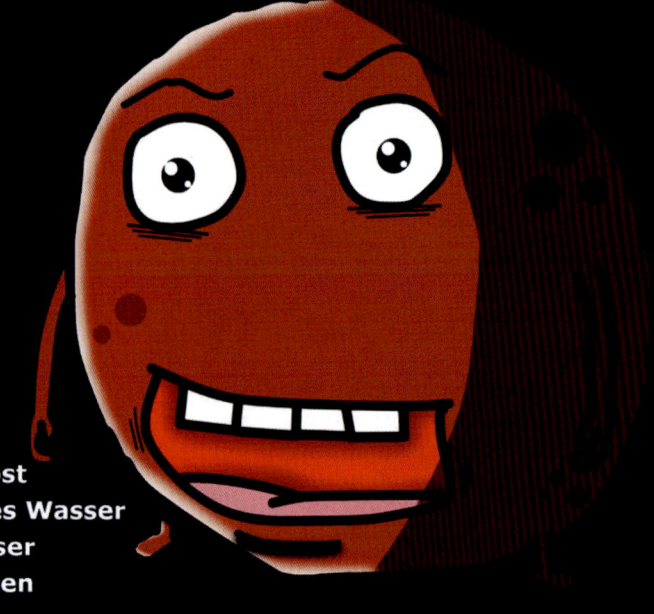

Da Mars unserer Erde relativ nah ist, versucht man so viel wie möglich über ihn herauszufinden. Wie in einer harmonischen Wohnsiedlung versuchen wir unseren Nachbarn immer besser kennen zu lernen – leider ist es nur so, dass man nicht mal eben zu Mars rüber gehen und klingeln kann, sondern dass es komplizierter und teurer Sonden bedarf, um den Planeten zu erforschen. Eine solche Mission ist beispielsweise ExoMars, deren Ziel es ist, einen neuen Roboter auf Mars abzusetzen, der dann auf der Oberfläche rumfahren und sie erforschen kann.

Auf Mars gibt es übrigens den höchsten Berg im Sonnensystem. Ihr kennt vielleicht die Zugspitze? Oder das Matterhorn? Oder sogar den Mount Everest? Vergesst diese Hügel, der Olympus Mons auf Mars ist ganze 28 Kilometer hoch. Das ist höher als Flugzeuge fliegen, ist das zu fassen? Hubert hat schon mal versucht, den Olympus Mons zu erklimmen, aber er ist kläglich gescheitert, weil er nicht ausreichend Roboter-Treibstoff dabei hatte. Aber vielleicht landet demnächst ein Roboter auf dem roten Planeten, der fähig ist, die 28 Kilometer zu erklimmen und damit einen tollen Ausblick über die rote Wüste haben kann – wer weiß, was es da alles zu entdecken gibt?

"Ach Mist, ich hab' kein Leben mehr."

GAME OVER!

Nach Stunden am Super Nintendo bekommt Mars immer wieder denselben Text angezeigt: GAME OVER! Er hat alle seine Leben verloren und das nullte Leben zählt nicht mit. Super Mario ist aber auch ein schwieriges Spiel!

Unser roter Nachbarplanet hat aber nicht nur bei Super Mario sein Leben verloren. Es könnte gut sein, dass auf seiner Oberfläche einst Lebensformen hausten, deren Existenz dann jäh beendet wurde. Aber wie kommen die Wissenschaftler darauf?
Mars staubige Landschaften lassen auf den ersten Blick nichts Derartiges vermuten. Auf den zweiten Blick springt uns aber sofort Mars Farbe ins Auge - er ist komplett rot! Aufgrund der Daten von mehreren Mars-Robotern ist mittlerweile auch klar, woher Mars diesen gesunden Teint hat: Seine Oberfläche ist vollständig verrostet, genau wie seine Fähigkeiten beim Super-Mario-Spielen...

Für alle Nerds: Als Rost bezeichnet man das Korrosionsprodukt, das aus Eisen oder Stahl durch Oxidation mit Sauerstoff in Gegenwart von Wasser entsteht. Für alle anderen: Auf Mars gab es sehr wahrscheinlich mal viel Wasser und Luft, die den metallhaltigen Boden rot färbten. Ihr kennt das vielleicht: Wenn Ihr euer Fahrrad zu lange im Regen stehen lasst, fängt es ebenfalls an zu rosten und ändert seine Farbe zu einem wenig überzeugenden Rot-Braun.
Wenn es auf Mars also so viel Wasser und Luft gab, liegt der Gedanke nicht fern, dass Mars einst auch (wie unsere Erde) Leben beherbergt haben könnte.... Vermutlich keine Mars-Menschen, aber womöglich immerhin winzige Bakterien!

Leider verlor Mars seine zart aufkeimende Ursuppe aus Bakterien so schnell wie seine Leben bei Super Mario. Es wird vermutet, dass Mars von einer Atmosphäre, also einer Lufthülle, umgeben wurde, die sich dann aber langsam in den Weltraum verflüchtigte, weil Mars nicht genug Schwerkraft besaß, um eine solche Atmosphäre festzuhalten. Damit war der Traum von einem bewohnten Mars im wahrsten Sinne des Wortes gestorben... aber wer weiß? Vielleicht werden wir Menschen in Zukunft ja die neuen Bewohner des roten Planeten. Dazu erfahrt Ihr im übernächsten Cartoon mehr.

HUBERTS INFOBOX

Falls Ihr mal eine Karte der Marsoberfläche gesehen habt, sind euch sicherlich die vielen tiefen Gräben und Schluchten aufgefallen. Der größte Canyon heißt Valle Marineris und ist eine spektakuläre Sehenswürdigkeit! Er ist 4.000 km lang, 700km breit und bis zu sieben Kilometer tief! Könnte doch gut sein, dass das gesamte Valle Marineris einst gefüllt mit Wasser war, oder?

Da ist wieder dieser komische Roboter auf mir...
Boah, Science Fiction!
astro-comics.de

Beep Beep!

Wir haben bereits gelernt, dass es auf Mars sehr wahrscheinlich kein Leben mehr gibt – aber ist Mars deswegen wirklich unbewohnt? Zumindest nicht im technischen Sinne, denn auf Mars drehten im Jahre 2017 zwei Roboter ihre Bahnen. Mars ist also der einzige uns bekannte Planet, der nur von Robotern bewohnt wird. Cool!

Vielleicht fragt Ihr euch, warum man es geschafft hat, Roboter zum Mars zu bringen, aber noch keine Menschen? Astronauten bräuchten auf ihrer Reise zum Mars sehr viel mehr Verpflegung und Platz als Roboter – ein so großes Raumschiff bräuchte vermutlich mindestens 450 Tage bis zum Mars.
Roboter hingegen, die für gewöhnlich sehr genügsam sind, kann man in kleinen Raumsonden auf ihre kosmische Reise schicken. Der Roboter Curiosity beispielsweise wurde mit einer sogenannten Atlas-V-Trägerrakete in den Weltraum geschossen und erreichte unseren rostigen Nachbarn nach schon 254 Tagen.

Auch der Aufenthalt von fahrbaren Robotern – man nennt sie übrigens Rover – auf fremden Planeten gestaltet sich einfacher als der Aufenthalt von Astronauten. Letztere könnten nur wenige Tage auf einem fremden Planeten ausharren und müssten dann wieder den langen Heimweg zur Erde antreten. Rover können ohne Zufuhr von Sauerstoff oder Nahrung fast ewig lange auf einem Planeten wie Mars Kilometer zurücklegen – zumindest solange der Treibstoff reicht. Curiosity befindet sich schon seit 2012 auf der Marsoberfläche – kein Wunder, dass dieser Dauergast für Mars langsam etwas lästig wird.

HUBERTS INFOBOX

So ein Mars-Rover ist ein ziemlich spezielles Gefährt. Da ist es kein Wunder, dass die Entwicklung und der Transport von Curiosity die NASA ziemlich viel Geld gekostet hat. Über zwei Milliarden Dollar wurden in den kleinen Kerl investiert.

Hör endlich auf damit, doofe Erde!
Ich kann nichts dafür! Die machen sich selbstständig!
astro-comics.de

Die Menschheit sieht rot!

Die Erde ist ganz schön toll. Sie ist voll mit Wasser, Luft und vielen netten Leuten. Von grünen Wiesen bis zu schneebedeckten Gipfeln, von kargen Wüsten bis malerischen Küsten bietet unser Heimatplanet jede erdenkliche Landschaft. Für uns Menschen ist sie eigentlich die perfekte Heimat.

Und trotzdem: Irgendwie übt unser ausgetrockneter Nachbarplanet Mars eine ungeheure Faszination auf uns Menschen aus. Aber warum würde man zum Mars reisen wollen, wenn es auf der Erde so idyllisch ist? Wieso würde man satte grüne Weiden gegen verdorrte und verrostete Schluchten tauschen wollen?

Wir wissen bereits aus den letzten Cartoons, dass Mars früher wohl voller Wasser war – die verrosteten Schluchten waren also vielleicht einst rauschende Flüsse, die es mit dem Amazonas hätten aufnehmen können. Da ist es doch nicht verwunderlich, dass einige Wissenschaftler davon träumen, den Mars wieder zu seiner alten Gestalt zu verhelfen, ihn sozusagen zu einer zweiten Erde zu machen. Diese Idee hat sogar schon einen eigenen Namen: Terraforming.

Leider steckt das Terraforming noch in den Kinderschuhen. Damit unsere Urenkel echte Marsianer sein werden können, müssen die Mars-Forscher noch einige Probleme lösen:
Um es auf Mars länger als zwei Tage auszuhalten, müsste es zunächst wieder Wasser in rauen Mengen geben. Dieses Problem könnte man vielleicht lösen, indem man Mars Nord- und Südpol, die aus Eis bestehen, schmelzen würde (nicht zur Nachahmung auf der Erde empfohlen!).

Nachdem wir Mars so zu einer feucht-fröhlichen Oase verwandelt haben, fehlt uns aber leider immer noch genügend Luft zum atmen. Den ganzen Planeten mit Luft zu fluten und vielleicht sogar eine Atmosphäre, also eine Art Schutzhülle, zu erschaffen, die der der Erde ähnlich ist, erscheint fast unmöglich. Wahrscheinlich müssten die ersten Menschen auf dem Mars in Städten wohnen, die von einer riesigen luftgefüllten Kuppel umgeben sind. Wer die Stadt verlassen möchte, muss seinen Raumanzug anziehen.
Ein weiteres Problem für Marsbewohner wäre die geringe Schwerkraft des roten Planeten, die halb so gering wie die der Erde ist. Durch die geringe Anziehung könnte man also höher springen, was für die ersten paar Minuten vermutlich eine Menge Spaß machen würde (wer würde nicht gerne mal einen Dreifach-Salto auf einem anderen Planeten machen?) – auf Dauer würden diese Bedingungen allerdings zu einem extremen Muskel-Verschleiß führen.

Die Menschheit sieht rot!

Die Besiedelung des Mars erscheint also möglich, es sind aber noch einige Hürden zu nehmen. Bis wir die ersten Folgen von „Goodbye Deutschland – die Mars-Auswanderer" sehen können, werden also noch viele Jahre vergehen.

DAS SON[NE]

SYSTEM

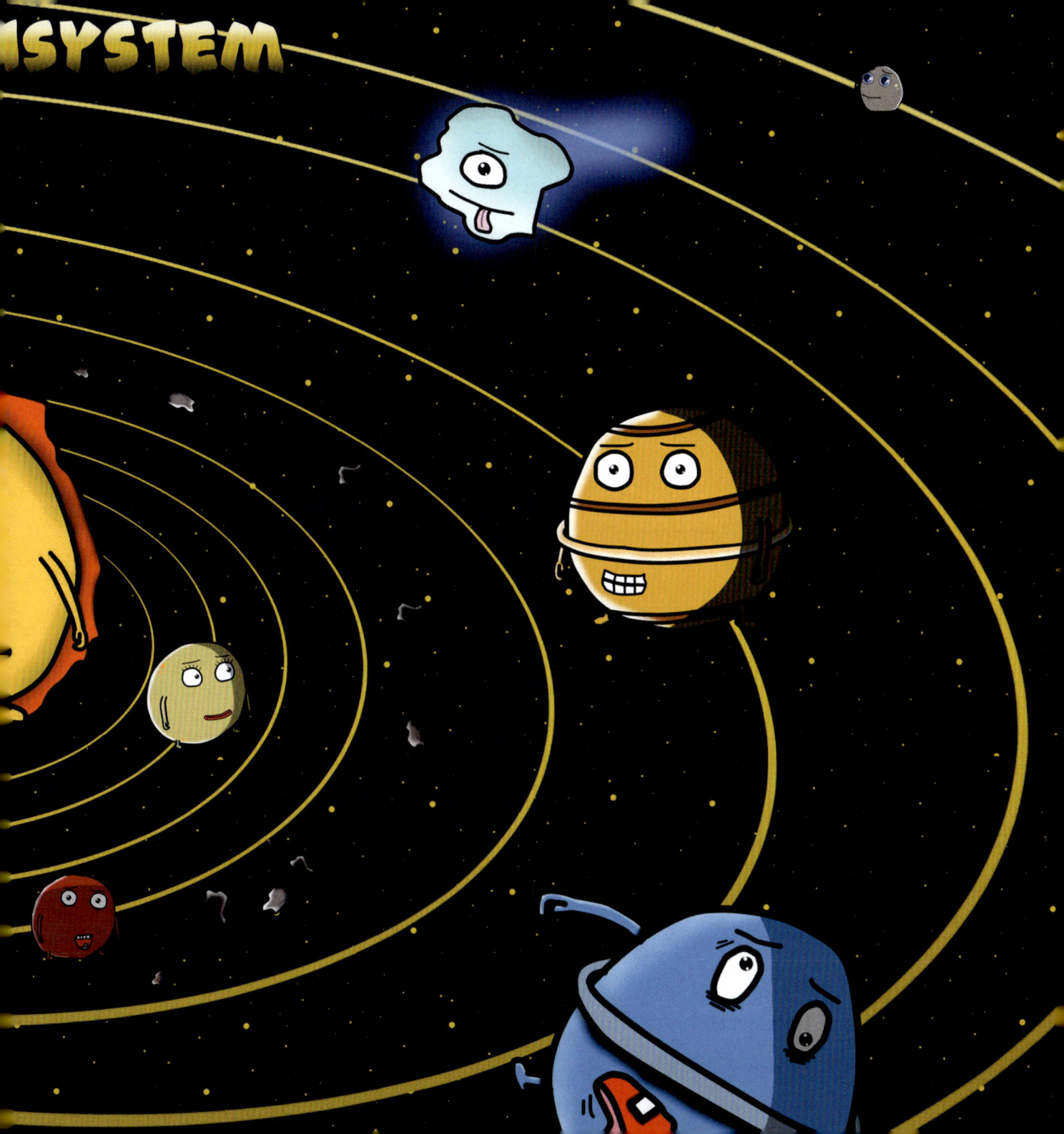

JUPITER

Jupiter ist ein wahrer Draufgänger. Kein Wunder, er ist einfach riesengroß, viel größer als alle anderen Planeten. Und deswegen hat er sich ein bisschen zum Angeber entwickelt und spielt gerne mit seinen Muskeln. Bis auf seine vielen Monde kann er damit niemanden überzeugen – die finden ihn allerdings richtig anziehend. Kein Wunder, Jupiter ist so schwer, dass er hinter der Sonne die meiste Gravitation im Sonnensystem besitzt.

Besonders berühmt wurde Jupiter durch den italienischen Astronomen Galileo Galilei. Der hat eines Nachts im 17. Jahrhundert durch sein Fernrohr geschaut und Jupiter beobachtet. Dabei fielen ihm helle Pünktchen auf, die um den Planeten herum tanzten. Es stellte sich heraus, dass das Monde waren. Die berühmten Galileischen Monde Io, Ganymed, Kallisto und Europa. Heute sind 69 Monde bekannt, die Jupiter mit seiner Schwerkraft an sich bindet.

Der Gasriese besteht aus Helium und Wasserstoff und wäre fast mal ein Stern geworden. Allerdings war Jupiter in der Zeit, als das Sonnensystem entstanden ist, nicht besonders fleißig und hat zu wenig Gas an sich gebunden. Er war dann einfach zu leicht, um ein echter Stern zu werden.

Aber das macht nichts. Auch wenn seine Karriere als Stern am Nachthimmel scheiterte, ist er nachts, wenn er von der Sonne angestrahlt wird, ein wunderschönes Objekt.

Mit Jupiter zu wippen macht keinen Spaß!
SO DICK BIN ICH GAR NICHT!
astro-comics.de

Der Planet mit der Plauze

Nein Jupiter, du bist nicht wirklich dick, keine Sorge, nur etwas zu pummelig, um mit den anderen Planeten zu wippen. Vielleicht solltest Du weniger deinen Bizeps trainieren, damit Du etwas leichter wirst? Aber ganz ehrlich: Du bist nun einmal der größte Planet im Sonnensystem, da solltest Du stolz drauf sein. Ein bisschen verwunderlich ist das aber schon. Deine Wippgefährten bestehen ja aus Stein und du nur aus Gas - da ist die Frage berechtigt, warum Du denn so viel mehr wiegst. Ganz einfach: Jupiter besteht aus Gas und Gas ist nun mal nicht schwerelos. Jupiter ist so groß, dass unsere Erde sich ganze 1300 Mal in ihm ausbreiten könnte. Bei so viel Platz braucht man natürlich auch eine Menge Gas. Und eine Menge Gas wiegt ziemlich viel. Das seht Ihr schon an der Luft auf unserer Erde. Wenn Ihr die gesamte Luft innerhalb der Erdatmosphäre auf eine große Waage legen würdet, käme ein Gewicht von 5.130.000.000.000.000.000 kg (5 Trillionen und 130 Billarden Kilogramm) heraus.

Übrigens ist Jupiter nur ein kleines bisschen größer als Saturn. Und dennoch zeigt die kosmische Waage das dreifache Gewicht an. Jupiter ist ein wahres Schwergewicht, was aber auch daran liegt, dass seine Dichte viel höher ist als die von Saturn. Um es anschaulicher zu machen, nehmen wir eine Handvoll Watte und eine Handvoll Zucker. Zucker ist viel dichter als Watte und dementsprechend schwerer. Saturn ist unsere Watte, Jupiter ist unser Zucker und wiegt deswegen viel mehr als Saturn. Gut, dass es auf Jupiter keinen Zucker gibt, sonst würde er vermutlich noch dicker werden und gar nicht mehr auf die Wippe passen.

Über das Thema Dichte von Planeten werdet Ihr im Kapitel über Saturn noch mehr erfahren. Jetzt wollen wir uns erst mal weiter unserem Planeten-Pummelchen Jupiter widmen...

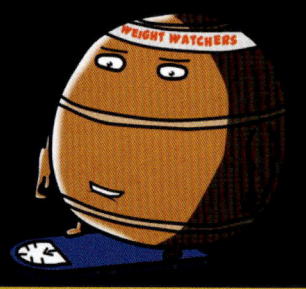

HUBERTS INFOBOX

Wenn man Jupiters Gewicht ausschreibt, erhält man folgende Zahl: 1.899.000.000.000.000.000.000.000.000 kg. Wisst Ihr, wie man diese Zahl ausspricht? Ich verrate es euch: 1,899 Quadrilliarden Kilogramm.

"Ich habe soooooooo eine unreine Haut!"

"Du kannst dich echt nicht beschweren. Ich hab seit mehr als 350 Jahren denselben Pickel..."

astro-comics.de

Jupiter

Stürmische Zeiten

Die Pubertät ist eine stürmische Zeit. Man trifft die erste große Liebe, findet sich selber, hat ständig Stress mit den Eltern und dazu auch noch Probleme mit unreiner Haut. Jupiter befindet sich in einer Art Dauer-Pubertät - seine Oberfläche ist extrem stürmisch und unreine Haut ist für ihn ein ständiges Problem.

Da wäre zum Beispiel eine Hautunreinheit, mit der Jupiter schon seit Jahrhunderten zu kämpfen hat: Der große rote Fleck. Dieses Ungetüm ist ein Sturm, dessen Durchmesser doppelt so groß wie die Erde ist. Dagegen hilft auch kein Clearasil! Irdische Stürme lösen sich innerhalb von einigen Wochen wieder auf, der große rote Fleck hingegen wurde schon 1664 das erste Mal beobachtet. Er wütet also seit mehr als 350 Jahren auf Jupiters wolkiger Oberfläche. Obwohl Jupiter schon lange von dieser Anomalie geplagt wird, ist es wie bei jeder Hautunreinheit: Irgendwann verschwinden sie von alleine. So beobachtete die NASA zwischen 2012 und 2014 ein starkes Schrumpfen des Sturms. Die genaue Ursache hierfür ist noch unbekannt. Man vermutet eine Wechselwirkung mit kleineren Stürmen. Für jeden pickel-geplagten Teenager ist dies jedenfalls eine hoffnungsvolle Nachricht!

Der große rote Fleck ist allerdings nicht der einzige Sturm auf Jupiter. Der größte Planet unseres Sonnensystems unterliegt nach neuesten Untersuchungen einem 70-jährigen Klimazyklus und ist regelmäßig übersät mit Dutzenden Unwettern. Zu den größeren zählen unter anderem das "weiße Oval" sowie der "Red Spot Junior". Diese Stürme sitzen fest zwischen langgezogenen Sturmbändern, die in entgegen gesetzte Richtungen toben.

Obwohl die Stürme auf Jupiter sich also zeitweise abschwächen, wird er seine Sturm-und-Drang-Phase wohl nie verlassen. Wie es sich für einen coolen Halbstarken gehört, hat Jupiter übrigens auch seine eigene Clique: Ganze 69 Monde umkreisen den Gasriesen und stehen ihm treu zur Seite.

Jupiter, bist du wirklich sicher, dass du diese Muskelaufbaupräparate nehmen willst?
Wasserstoff-pillen
Planeten-Muskelaufbau
Wenn ich genug von dem Zeug schlucke, werde ich doch noch zum Stern!
astro-comics.de

Der Stern am Sporthimmel

Für jeden Leistungssportler sind Muskelaufbaupräparate verführerisch – sie versprechen schnelle Trainingserfolge ohne großen Aufwand. Doch leider tritt nicht immer die erhoffte Wirkung ein und manchmal können sogar gesundheitliche Schäden die Folge sein.

Auch Jupiter hatte mit seiner Wasserstoff-Kur nicht den gewünschten Trainings-Erfolg. Zwar kann man behaupten, dass seine Masse-Phase recht erfolgreich verlief – immerhin wiegt der Gasriese doppelt so viel wie alle anderen Planeten zusammen – doch ist er relativ deutlich an seinem großen Ziel vorbei geschrammt: ein Stern zu werden.

Doch was ist überhaupt ein Stern und inwiefern könnte ein Wasserstoff-Fitness-Programm einen Gasplaneten zu einem solchen machen?

Die meisten Sterne sind riesige Wasserstoff-Gebilde, in deren Inneren sich die Fusion von Wasserstoff zu Helium abspielt – grob zusammengefasst kann man sagen, dass die Atomkerne des Wasserstoffs unter Energiefreisetzung zu Helium werden. Diese sogenannte Proton-Proton-Reaktion ist aber nur etwas für echte Schwergewichte, denn sie setzt nur ein, wenn ein Objekt genügend Masse besitzt.

Für schwächliche Gasplaneten ist dies vielleicht ein Trost: Tatsächlich könnte man durch die Erhöhung der Wasserstoffmenge irgendwann an einen Punkt gelangen, an dem die Masse und der Strahlungsdruck des Planeten hoch genug wären, um die Proton-Proton-Reaktion auszulösen. Jupiters Trainingsprogramm erscheint also zumindest in der Theorie nicht ganz aussichtslos. Dennoch

SATURN

Saturn, der zweitgrößte Planet unseres Sonnensystems. Hubert nennt ihn auch gern den Herrn der Ringe. Nicht etwa, weil er mit den Hobbits in Mittelerde den begehrten Schatz sucht. Nein, den Ring hat er schon. Und nicht nur einen, sondern hunderte. Saturn hat das am meisten ausgeprägte Ringsystem in unserer direkten galaktischen Nachbarschaft.

Der sechste Planet von unserem Heimatstern aus gesehen ist mehr als 1,4 Milliarden Kilometer von selbigem entfernt und so groß, dass unsere Erde mehr als 760 Mal hinein passt.
Wenn wir die Sonne zu Vergleichszwecken wieder zu einem Gymnastikball deklarieren, dann wäre Saturn so groß wie ein Apfel. Da muss der Gasplanet mit seinem Durchmesser von mehr als 120.500 Kilometer ja ganz schön viel wiegen, dachte sich Hubert. Und tatsächlich: Saturn ist nach der Sonne und Jupiter das drittschwerste Objekt des Sonnensystems. Eine Sache verwundert Hubert allerdings: Obwohl Saturn so schwer ist, würde er auf Wasser schwimmen. Das wird später noch zu klären sein!

Saturn ist auch ziemlich schnell unterwegs. Für eine Umdrehung um sich selbst braucht Saturn nur 10 Stunden und 13 Minuten.
Saturn, der fast 30 Jahre für einen Sonnenumlauf benötigt, war bisher ein begehrtes Ausflugsziel für zahlreiche Sonden. Pioneer erforschte erstmals im Jahre 1979 das Ringsystem. Es folgten Voyager 1 und 2 in den 80er Jahren, die richtig scharfe Fotos vom Planeten und seinen vielen Monden schossen. Und zuletzt flog Cassini-Huygens den weiten Weg, sieben Jahre war sie unterwegs.

Es gibt so viele spannende Geschichten über Saturn zu erzählen. Etwa von seinen mehr als 60 Monden. Oder über das beeindruckende Ringsystem, das man von der Erde aus mit einem guten Teleskop sehen kann. Oder aber über die Gasschichten und die Wetterphänomene auf dem Planeten. Hubert hat sich in den folgenden Kapitel damit beschäftigt, denn er meint: Der Herr der Ringe liefert die besten Geschichten, oder was denkt Ihr?

SATURN

Hula-Hoop-Champion des Sonnensystems

astro-comics.de

Schwing die Hüften!

Saturn, Du bist und bleibst einfach der ungeschlagene Hula-Hoop-Meister des Sonnensystems! Beeindruckend, wie er die Ringe in seinen Bann zieht, oder? Sicherlich hat jeder von euch schon mal mit einem Hula-Hoop-Ring gespielt und weiß: Es ist gar nicht so einfach, den Ring in seiner Bahn zu halten. Für Saturn ist das ein Kinderspiel. Bereits seit 4,5 Milliarden Jahren jongliert der Gasplanet mit seinen Ringen und ist somit die unangefochtene Nummer 1 der Hula-Hoop-Champions. An den kommt keiner so schnell ran. Kein Wunder, er ist ja auch der einzige Planet, der einen so großen Ring hat (wenn man mal von den dünnen Ringsystemen der anderen Gasplaneten absieht). Aber: Woher hat Saturn eigentlich seinen prächtigen Ring?

Nun, wie bei vielen Dingen in der Astronomie ist man sich nicht ganz einig darüber, wie die Ringe entstanden sind. Die wohl gängigste Theorie lautet: Ein eisiger Mond ist dem Saturn zu nahe gekommen. Der Mond hat eine bestimmte Grenze, die sogenannte Roche-Grenze überschritten. Durch die starke Gravitation, die Saturn auf den Mond auswirkte, wurde dieser auseinander gerissen. Kein Grund zur Sorge. Saturn hat 62 Monde, die noch heute um ihn herumschwirren. Die Trümmerteile des zerrissenen Mondes gelangten in einen Orbit um den Saturn, wo sie bis heute ihren ewigen Kreislauf fortsetzen. Die Ringe sind also nichts anderes als viele kleine Eis- und Gesteinsbrocken eines Mondes.

Hubert ist ein kleiner Abenteurer und er fragt sich natürlich, was passiert, wenn er mit seiner Superrakete bis zum Saturn und durch die Ringe fliegen würde. Würde er dann ein Loch in den Ring reißen. Oder gar von den Trümmerteilen des Mondes zermalmt werden? Weder noch. Durch unsere Teleskope betrachtet, sehen die Ringe des Mondes wie Samtbänder aus, undurchdringbar und fest. Aber zoomt man näher hinein, dann erkennt man, dass die Zwischenräume zwischen den Trümmerteilen immens groß sind. So groß, dass Hubert in seiner Rakete einfach hindurch gleiten würde, ohne von einem Stück Eis oder Stein getroffen zu werden.

ATLAS **PANDORA** **PROMETHEUS**

HUBERTS INFOBOX

Wusstet Ihr, dass Saturn drei Schäfer hat? Es sind keine Menschen, die auf der Alm die Schafe hüten. Es sind Monde, die die Herde von Gesteinen, Staub und Eisbrocken durch ihre Schwerkraft in den Ringen in ihren Bahnen halten. Saturns Schäfermonde heißen Atlas, Pandora und Prometheus.

Hör auf mich mit deinen Fontänen anzuspritzen, Enceladus!

Dann hör du auf mich so durchzukneten!

astro-comics.de

Saturn

Beach-Party auf Enceladus

Saturn und seine Monde sind so weit von der Sonne weg, dass man sich hier schon sehr warm einpacken müsste, um nicht sofort zur Eissäule zu erstarren. Da ist es nur logisch, dass es auch auf dem Mond Enceladus bis zu -240 Grad kalt werden kann. Brrrrr!

So weit, so gut. Aber ganz so simpel sind die Verhältnisse auf dem Saturn-Trabanten dann doch nicht. Die Cassini-Raumsonde, die Saturn bereits seit 2004 umkreist, hat nun fantastische Aufnahmen geliefert und damit bestätigt, was viele schon lange ahnten: Auf Enceladus gibt es flüssiges Wasser! Als wäre das noch nicht Sensation genug, kommt dieses flüssige Wasser auch noch aus Geysiren heraus geschossen und lässt sich somit vom Weltraum aus beobachten.

Aber wie kann das sein? -240 Grad und flüssiges Wasser? Komisch! Aber trotzdem logisch: Saturn ist ein unheimlich schwerer Planet, der in Wechselwirkung mit seinen Monden eine ebenso unheimliche Schwerkraft ausübt. Diese Schwerkraft hat Einfluss auf jedes Objekt, das Saturn umkreist. Ähnliches kennen wir von der Erde: So wirkt sich die Schwerkraft des Mondes ja auch auf uns aus (Ebbe, Flut, etc.). Die Schwerkraft von Saturn ist aber nun derart massiv, dass sie Enceladus regelrecht durchknetet. Durch diese gravitative Ganzkörpermassage erhitzt sich das Innere von Enceladus und voilà: Das Eis schmilzt und schießt durch die Geysire hinaus. Man nennt diesen Prozess Eis- oder Kryovulkanismus.

Viele Astronomen bezweifeln jedoch, dass die Gravitation alleine stark genug wäre, um eine solche Temperatursteigung zu bewirken. Sie glauben deshalb, dass sich im Inneren von Enceladus Elemente befinden, die den Schmelzpunkt des Eises senken, z.B. Ammoniak. Eine Antwort auf diese Fragen wird uns Cassini wohl nicht mehr liefern.

Aber vielleicht erreichen ja einige von uns ein biblisches Alter und erleben noch den ersten bemannten Raumflug zum Enceladus? Dann wird es für die Astronauten heißen: Hinein ins kühle Nass! Bis zu dieser 1.433.000.000 Kilometer von der Sonne entfernten Beach-Party werden aber noch viele Jahre ins Land gehen.

Tauch doch mal mit uns unter!
ICH BIN NICHT DICHT GENUG!!!
astro-comics.de

Du bist wohl nicht ganz dicht...

Zugegeben: Es wird wohl relativ selten vorkommen, dass die Planeten gemeinsam in die Badewanne steigen - aber was wäre wenn? Könnten alle vergnügt am nassen Spaß teilnehmen oder sind manche Planeten aufgrund ihrer physikalischen Eigenschaften benachteiligt?

In unserem Sonnensystem gibt es nur einen Plansch-Verweigerer: Saturn. Das mag zunächst verwunderlich erscheinen, immerhin ist Saturn ein echtes Schwergewicht. Die Erde würde ganze 765 Mal in ihn hineinpassen, das Gewicht von Saturn entspricht dem von 95 Erden. Den nun sicher ertönenden Aufschreien "Aber Saturn ist doch aus Gas!" kann man einfach entgegen halten: Gas in großen Mengen kann auch verdammt schwer sein.

Es schließt sich also nicht aus: Saturn ist unfassbar schwer, aber hat dennoch eine äußerst geringe Dichte. Ob ein Gegenstand auf Wasser schwimmen kann, hängt also weniger von seinem Gewicht ab, sondern maßgeblich von seiner Dichte. Saturn, der hauptsächlich aus Wasserstoff, Helium und Methan besteht, hat eine Dichte von 0.687 g/cm3 - die von Wasser beträgt 1 g/cm³. Wer also die Muße besitzt, eine Badewanne zu bauen, die 116.000 km groß ist, und es dann noch fertig brächte, Saturn in diese Badewanne zu befördern, würde feststellen, dass er wie eine Quietsche-Ente schwimmen würde.

Mittlerweile spricht einiges dafür, dass es im Weltraum noch viele weitere Leidensgenossen von Saturn gibt, die sich auch niemals waschen könnten. Vor einigen Jahren entdeckte man etwa den Riesen HAT-P-1, der wohl mehr als doppelt so groß wie Jupiter ist. Auch er hat eine äußerst geringe Dichte und ist somit Saturns großer ungewaschener Bruder. Ob Saturn aufgrund seiner Ungewaschenheit besonders unangenehm riecht, ist nicht bekannt. Erfahrungsgemäß riecht ein Gemisch aus Helium, Methan und Ammoniak allerdings ohnehin nicht besonders verführerisch.

HUBERTS INFOBOX

Die Dichte sagt mir, ob ein Ding für seine Größe leicht wie eine Feder oder schwer wie eine Rakete ist. Saturn ist der zweitgrößte Planet im Sonnensystem. Hat aber die geringste Dichte, was ihn aber nicht zum Fliegengewicht mach: Von der Masse her gesehen ist er nach Jupiter der zweitschwerste. Übrigens: Was ist schwerer – ein Kilogramm Federn oder ein Kilogramm Blei?"*

*Antwort: Beides ist gleich schwer! Ein Kilogramm bleibt immer ein Kilogramm.

URANUS

Uranus ist der Sonderling im Sonnensystem. Das stellt Hubert auch immer fest, wenn er Uranus besucht. Denn alles, was Uranus ihm dann erzählt ist „Gwaghasaha!". Das versteht Hubert natürlich nicht. Aber er findet Uranus trotzdem richtig interessant. Besonders gefällt ihm die Farbe, denn Uranus strahlt in einem wunderschönen Blau. Und das ist Huberts Lieblingsfarbe. Die Farbe wird erzeugt durch das Methan, aus dem Uranus unter anderem besteht. Weitere Bestandteile seiner Zusammensetzung sind Helium und Wasserstoff.

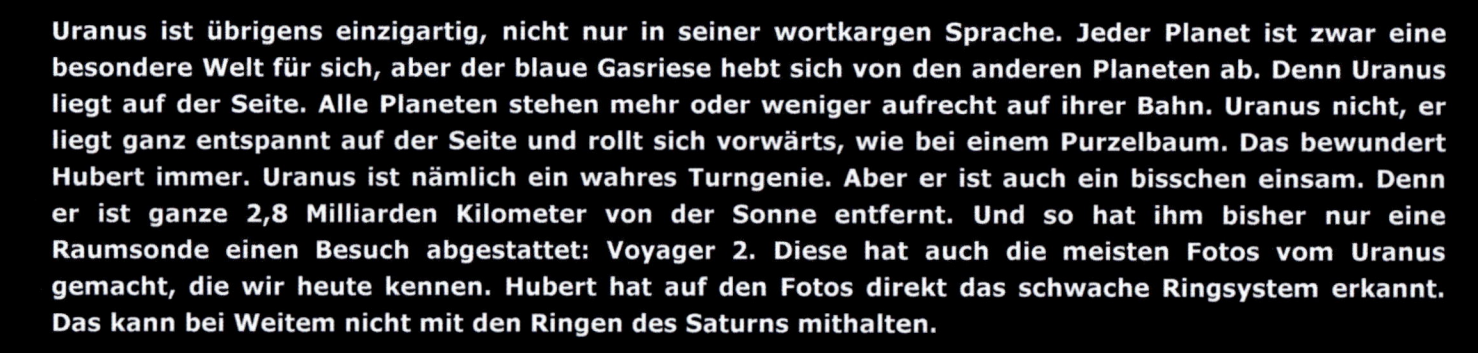

Uranus ist übrigens einzigartig, nicht nur in seiner wortkargen Sprache. Jeder Planet ist zwar eine besondere Welt für sich, aber der blaue Gasriese hebt sich von den anderen Planeten ab. Denn Uranus liegt auf der Seite. Alle Planeten stehen mehr oder weniger aufrecht auf ihrer Bahn. Uranus nicht, er liegt ganz entspannt auf der Seite und rollt sich vorwärts, wie bei einem Purzelbaum. Das bewundert Hubert immer. Uranus ist nämlich ein wahres Turngenie. Aber er ist auch ein bisschen einsam. Denn er ist ganze 2,8 Milliarden Kilometer von der Sonne entfernt. Und so hat ihm bisher nur eine Raumsonde einen Besuch abgestattet: Voyager 2. Diese hat auch die meisten Fotos vom Uranus gemacht, die wir heute kennen. Hubert hat auf den Fotos direkt das schwache Ringsystem erkannt. Das kann bei Weitem nicht mit den Ringen des Saturns mithalten.

Ganz so einsam ist Uranus übrigens gar nicht. Immerhin hat er um die 27 Monde. Vermutlich wünscht Uranus sich insgeheim manchmal sogar ein bisschen Privatsphäre, um in Ruhe seine Purzelbäume schlagen zu können.

"Gwaghasaha!!!"

"Er ist zwar etwas anders, aber er ist mein bester Freund!"

astro-comics.de

Eisige Kumpels

Beste Freunde halten zusammen, egal was passiert. Die besten Freunde unseres Sonnensystems sind definitiv die beiden äußeren Planeten Uranus und Neptun. Wie sich das für gute Freunde gehört, haben die beiden eine Menge Gemeinsamkeiten: Sie sind ungefähr gleich groß (die Erde würde in beide 57-58 Mal hineinpassen), sie sind sehr weit weg von der Sonne und schimmern in einem hübschen Blau. Aufgrund dieser Gemeinsamkeiten nennt man die planetaren Kumpels auch die Eisriesen. Die coolste Clique am Rande des Sonnensystems!

Natürlich ticken auch beste Freunde nicht genau gleich. Jeder hat seine Eigenheiten, die der andere zu schätzen weiß. Es ist vor allem Uranus, der einige spezielle Eigenschaften aufweist. Der hellblaue Gasplanet hat eine extrem geneigte Achse, man könnte auch sagen: Uranus liegt komplett auf der Seite, so als wäre er einfach umgefallen.

Wie Ihr wisst, drehen sich die Erde und die anderen Planeten wie ein Kreisel um sich selbst – Uranus, der ja umgekippt ist, dreht sich hingegen nicht wie ein Kreisel, sondern macht Purzelbäume auf seiner Bahn um die Sonne.

Neptun akzeptiert seinen gashaltigen Freund aber so wie er ist und weiß, dass Uranus Neigung durch ein tragisches Ereignis zustande kam: Vermutlich wurde er in der Anfangsphase des Sonnensystems, also im Prinzip in seiner planetaren Kindheit, von einem anderen unbekannten Planeten gerammt. Diese Kollision muss derart heftig gewesen sein, dass Uranus umgeworfen wurde und sich seitdem nur noch wälzend um die Sonne drehen kann.

Dieser schicksalshafte Unfall liegt nun schon lange zurück. Und wofür hat man gute Freunde? Natürlich damit sie sich in den schweren Zeiten fürsorglich kümmern. Uranus und Neptun scheinen also auf den ersten Blick sehr ähnlich, sind aber doch auf ihre Art gänzlich verschieden. Diese eisige Freundschaft wird ewig halten.

HUBERTS INFOBOX

Übrigens ist nicht nur Uranus geneigt. Auch viele andere Planeten bewegen sich nicht ganz gerade auf ihrer Bahn. Unsere Erde ist zwar nicht so schief wie Uranus, aber weist doch immerhin eine Neigung von 23,5° auf.

Wir sind die Neuen...
HAUSAUFGABEN
ERFORSCHE EIN SCHWARZES LOCH AUS DER NÄHE!
Gwaghasaha!!!
Ring-kunde
astro-comics.de

New Kid in Town

Wer kennt das nicht? In der Schule sitzt eines Tages ein neuer Mitschüler, der gerade erst in die Stadt gezogen ist. Er wirkt mysteriös und wird von den anderen erstmal einige Tage lang gemieden. Er selber würde sich wahrscheinlich nichts sehnlicher wünschen, als schnell Freunde unter den neuen Klassenkameraden zu finden. Als Neuankömmling hat man es nicht wirklich leicht...

So ähnlich muss es Uranus und Neptun ergangen sein, die erst sehr spät den Kreis der bekannten Planeten betreten haben.
Alle anderen Planeten, also Merkur, Venus, Jupiter, Saturn und die Erde natürlich sowieso, waren bereits den Menschen der Antike bekannt. Das ist auch nicht verwunderlich, denn diese Planeten sind in klaren Nächten gut von der Erde aus zu sehen. Einige von ihnen, wie Mars und Venus, sind so nah an der Erde dran, dass sie uns wie sehr helle Sterne am Himmel erscheinen. Andere wie Jupiter und Saturn sind zwar relativ weit von der Erde entfernt, sind aber dermaßen gigantisch, dass wir sie gut am Nachthimmel erkennen können. Diese eingeschworene Gemeinschaft von Planeten kennt sich also schon seit Jahrtausenden.

Uranus und Neptun sind so weit von der Erde entfernt, dass man sie ohne Hilfsmittel kaum erkennen kann – Uranus ist gerade noch so sichtbar, wirkt aber einfach wie ein äußerst schwacher Stern. Den Menschen der Antike und des Mittelalters waren die beiden Eisriesen also unbekannt.
Es ist noch gar nicht so lange her, dass zwei Forscher schließlich auch noch die beiden letzten Planeten des Sonnensystems entdeckt haben und somit die Planetengemeinschaft vervollständigt haben.
Uranus wurde im Jahre 1781 von den Astronomen William Herschel entdeckt, Neptun im Jahre 1846 von Johann Gottfried Galle. Die beiden Planeten sind also echte Neuankömmlinge.

Haben sich die beiden zwischenzeitlich gut in der planetaren Gemeinschaft eingelebt? Definitiv! Immerhin gibt es einen ganz bestimmten Moment, in dem jeder Neuankömmling seinen Status verliert und zum etablierten Teil der Gruppe wird: Sobald es den nächsten Neuankömmling gibt, der dann ganz automatisch die Rolle des mysteriösen Außenseiters einnimmt. Dies war in diesem Falle Pluto, den man erst 1930 entdeckte und der seitdem eine bewegte Geschichte durchgemacht hat. Immerhin hat er es geschafft vom planetaren Neuankömmling zum nicht-planetaren Sonderling zu werden. Aber dazu im übernächsten Kapitel mehr...

Gwaghasaha!!!

Mit deinem Mond Miranda als Après-Ski-Paradies werden wir endlich reich!

SKI-PARADIES MIRANDA

astro-comics.de

Après-Ski auf Miranda

St. Moritz, Ischgl, Zermatt – diese Skigebiete sind alle Schnee von gestern, denn das Wintersport-Paradies auf Uranus Mond Miranda ist das neue Zentrum der Après-Ski-Welt! Wallende Hügel mit perfektem Pulverschnee, steile Klippen mit majestätischem Ausblick auf den hellblauen Uranus und abends natürlich ein paar Almdudler in der Skihütte – das alles bietet Miranda den anreisenden Ski-Touristen!

Dies wollen uns zumindest Uranus und Neptun weismachen, die scheinbar groß in das Wintersport-Business eingestiegen sind. Aber sind die Bedingungen auf Miranda wirklich gut genug, um den österreichischen und Schweizer Alpen den Rang abzulaufen und das pulsierende Zentrum des Ski-Tourismus an den Rand des Sonnensystems zu verlegen?

Zunächst die Vorteile eines gemeinsamen Familienurlaubs auf Miranda: Der Mond zeichnet sich durch eine sehr abwechslungsreiche Landschaft aus. Große Teile sind mit Kratern und extremen Verwerfungen übersät, andere Teile wiederum sind glatt und weich wie eine Schweizer Bergwiese (nur eben ohne die Wiese). Diese glatten Gebiete (man nennt sie Coronae) sind also perfekt für Ski-Anfänger, während die erfahrenen Profis in den Krater-Gebieten auf ihre Kosten kommen, die es sicherlich mit jeder schwarzen Piste auf der Erde aufnehmen können. Neben dieser Vielzahl an interessanten Pisten ist sicherlich auch der tolle Ausblick auf den blau schimmernden Gasplaneten Uranus ein echtes Highlight für jeden Miranda-Urlauber!

Falls Ihr nun schon eure Koffer gepackt und die Skier aufs Dach eurer Rakete geschnallt habt, solltet Ihr die Wahl eures Urlaubsziel vielleicht doch noch mal überdenken – eine Reise zu Miranda hat nämlich leider auch einige Nachteile.
Für viele Leute gehört die Anreise zwar schon zum Urlaub dazu, doch bei einem mindestens 10-jährigen Hinflug zu Miranda wird auch das gemeinsame Singen und Hören von Kassetten langweilig.
Das Après-Ski-Vergnügen könnte außerdem durch die niedrigen Temperaturen auf dem Uranus-Mond gestört werden – bei bis zu -213 Grad würden sich selbst Ski-Profis nicht mehr die schneebedeckten Hügel runter schlängeln. Und das leckere Käse-Fondue nach einem harten Tag würde einfach im Topf gefrieren.

Winterurlaub auf Miranda ist also nur etwas für wirklich Hartgesottene. Die Après-Ski-Tycoons in Ischgl und St. Moritz müssen sich keine Sorgen machen – Uranus und Neptun stellen keine ernsthafte Konkurrenz dar.

NEPTUN

Neptun ist der kleine Bruder von Uranus und hat ebenfalls ein schwach ausgeprägtes Ringsystem. Er ist genauso blau und befindet sich ganz am Rande unseres Sonnensystems und hat den weitesten Weg von allen Planeten. Ganze 165 Erdenjahre braucht der blaue Gasriese, bis er einmal um die Sonne gewandert ist, viel länger als ein ganzes Menschenleben. Weil er sich so langsam bewegt, können wir ihn oft jahrelang in dem gleichen Sternbild beobachten. Dies funktioniert allerdings nur mit einem Teleskop, da Neptun so weit entfernt ist, dass wir ihn mit bloßem Auge nicht erkennen können. Eigentlich schade, denn auf Neptun gibt es eine ganze Menge zu entdecken! Hubert stattet dem blauen Planeten vor allem wegen seiner gigantischen Stürme öfter mal einen Besuch ab. Wie Ihr auf den nächsten Seiten sehen werdet, ist zum Beispiel Neptuns Sturm Scooter besser als jede Achterbahn!

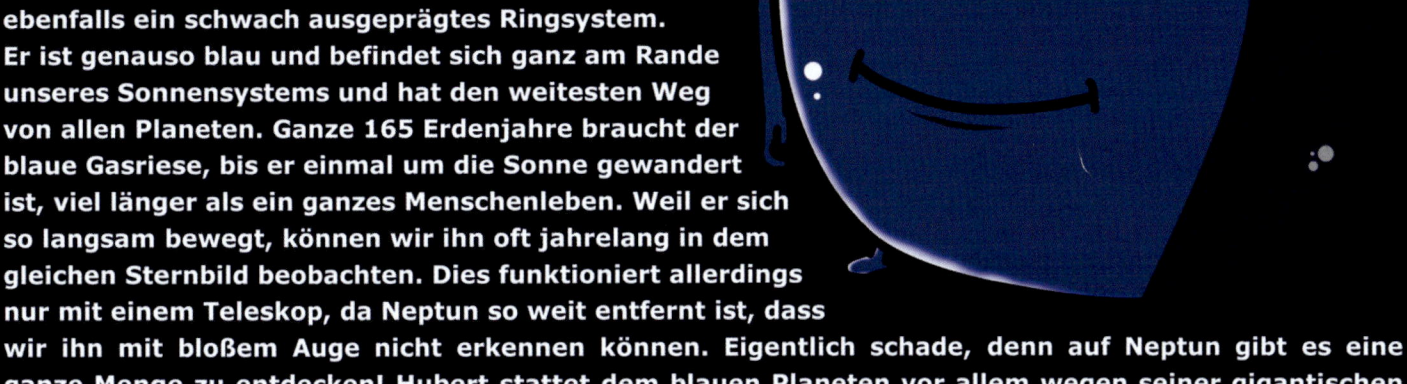

Nach einer wilden Tour durch Neptuns Sturmgebiete ruht sich Hubert dann immer auf einem der vielen Monde aus. Von denen besitzt Neptun ganze 14 Stück. Zwar kann er damit nicht mit Jupiter (69 Monde) und Saturn (62 Monde) mithalten, dafür nennt er aber einen ganz besonderen Mond sein Eigen: Triton.
Auf Triton hat man eine Temperatur von −237 Grad gemessen – das ist die niedrigste Temperatur, die je von einer Sonde aufgezeichnet wurde. Brrr! Hubert setzt sich deswegen gerne in seiner dicksten Winterjacke in einen Liegestuhl auf Triton und genießt den wunderbaren Ausblick über Neptuns tiefblaue Gasschichten.

Was für ein majestätischer Anblick!

So ein Wirbelsturm ist wirklich total lukrativ!
Scooter
nur 10.000 Euro
pro Fahrt
astro-comics.de

Weltraum-Kirmes

Ein Besuch auf der Kirmes ist ein Spaß für die ganze Familie. Das Highlight ist der Besuch beim Autoscooter-Stand, wo man dann nach Herzenslust alle anderen Fahrer gegen die Bande rammen kann. Ein Besuch auf dem Planeten Neptun unterscheidet sich davon nur geringfügig. Abgesehen von dem fehlendem Sauerstoff, der gasförmigen Oberfläche und naja... der Kirmes. Aber immerhin geht es auf Neptun genau so rasant zu wie beim Autoscooter!

Immerhin ist Neptuns Oberfläche gespickt mit zahlreichen Stürmen, die teilweise gigantische Ausmaße annehmen. Einer dieser Stürme trägt deswegen den passenden Namen (na klar) Scooter! Scooter verdankt seinen Namen seiner ungeheuren Geschwindigkeit. Innerhalb von nur 16 Stunden umkreist der flinke Sturm den Planeten komplett, was bei einem Durchmesser von fast 50.000 km eine fast olympische Leistung ist. Wer mit Scooter einmal um Neptun rasen könnte, würde sicherlich rasanteren Spaß erleben als auf einer durchschnittlichen Dorfkirmes!

In Sachen Größe ist Scooter allerdings nicht das Maß aller Dinge. Gegen den viel größeren "Great Dark Spot", der von Astronomen ganz vertraut GDS genannt wird, wirkt Scooter klein wie eine Maus (Speedy Scooter, die schnellste Maus von Neptun!). Der GDS ist ungefähr so groß wie ganz Eurasien und damit nicht nur ein stattlicher Sturm, sondern auch das prägnanteste Merkmal auf Neptuns gasiger Oberfläche. Obwohl der GDS sich zwar viel langsamer als Scooter bewegt, ist er wohl doch die beeindruckendere Attraktion auf unserer Kirmes am Rande des Sonnensystems.

Sturm-Enthusiasten müssen allerdings ganz stark sein: Das Hubble-Teleskop verlor Scooter 1994 aus den Augen und konnte ihn seitdem nicht mehr ausfindig machen. Ist er verschwunden? Und wenn ja, warum? Ein Mysterium! Wahrscheinlich hat er in der Art einer Wanderkirmes einfach die Schotten dicht gemacht und ist verschwunden. Ähnliches ist vom großen Wirbelsturm auf Jupiter bekannt, der auch seit Jahren zu schrumpfen scheint. Aber kein Grund zur Sorge: Auf Neptun werden auch immer wieder neue Stürme entdeckt. Neben dem kleinen "Small Dark Spot" wurde vor einiger Zeit sogar ein Sturm entdeckt, der es in Sachen Größe mit dem GDS aufnehmen könnte. Es sieht also ganz so aus,

Neptun

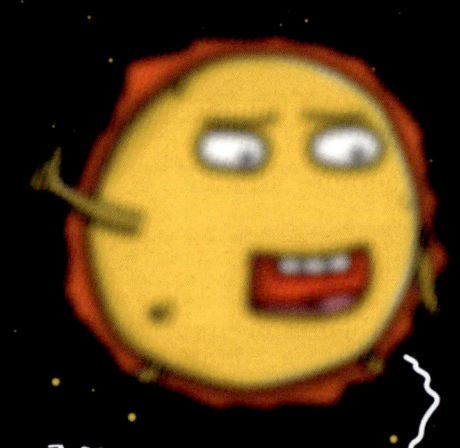

Es werde Licht!

Nachts noch heimlich unter der Decke in einem spannenden Abenteuerroman lesen – Buch in der linken, Taschenlampe in der rechten Hand und die Decke über dem Kopf. Das dürfte für viele wie eine schöne Kindheitserinnerung klingen. Wir hatten Glück, denn für unsere nächtlichen Leseabenteuer kam das Licht aus einer Taschenlampe. Aber was macht ein Planet wie Neptun, der fernab der Sonne liegt, wenn er sich in einen fesselnden Roman vertiefen möchte?

Die Möglichkeit mit der Taschenlampe fällt zunächst mal flach – Neptun besitzt nämlich keine. Er ist also auf das Licht unseres Sterns angewiesen. Doch eine Kleinigkeit könnte dem ungestümen Lesegenuss im Wege stehen: Die mittlere Entfernung der Sonne zu Neptun beträgt ca. 4,5 Milliarden Kilometer. Man stelle sich mal vor, so eine Distanz hätte das Licht unserer Taschenlampe zurück legen müssen, bis wir nachts in die Welt von Harry Potter hätten eintreten können – ganze Kindheiten wären ruiniert gewesen!

So groß diese Entfernung auch wirkt, man darf nicht außer Acht lassen, dass sich das Licht äußerst schnell durch die Weiten des Weltraums bewegt! Als groben Orientierungswert kann man sich merken, dass das Licht circa 300.000 Kilometer pro Sekunde zurücklegt. Eine Distanz von 4,5 Milliarden Kilometern bei einer Geschwindigkeit von 300.000 km/s - das Licht braucht also satte 4 Stunden bis zum äußersten Planeten des Sonnensystems! So lange hätten wir nicht auf unser Licht zum Lesen unter der Decke warten wollen.

Zum Glück scheint die Sonne beständig, so dass also immer neues Licht bei Neptun ankommt. Er ist deswegen jederzeit mit genügend Leselicht versorgt, es ist aber eben immer 4 Stunden altes Licht.

Das Licht, das unsere Erde erreicht, ist übrigens 8,3 Minuten alt, wenn wir es erblicken. Vielleicht sollten wir auch als Erwachsene dieses Licht noch öfter nutzen, um uns mit einem guten Buch an einen stillen Ort zurückzuziehen. Und wenn die Sonne gerade nicht zu sehen ist? Dann greifen wir eben wieder zur Taschenlampe und verziehen uns unter die Decke.

Sieht das Karnevals-kostüm wirklich gut aus, Leute?
So kannste direkt in Schlumpfhausen einziehen, Neptun!
astro-comics.de

Wer hat hier einen schlumpfen lassen?

Da haben sich die Planeten wieder einen Spaß erlaubt und Neptun als Schlumpf verkleidet! Tatsächlich würde Neptun das Schlumpfdorf aber wohl aus allen Nähten platzen lassen, immerhin würde unsere Erde 57 Mal in den Gasriesen passen. Wie viele Schlümpfe in Neptun passen würden, weiß wohl keiner so genau, aber es dürften ziemlich viele sein...

Der Grund für Neptuns Schlumpf-Verkleidung ist aber natürlich auch nicht seine Größe, sondern seine schöne blaue Farbe – eine Eigenschaft, die er sich mit Papa Schlumpf und den anderen teilt. Im Gegensatz zur Herkunft der blauen Hautfarbe bei den weißbemützten Kinderkanalstars ist der Grund für Neptuns blaue Farbe hinlänglich erforscht worden. Neptun besteht hauptsächlich aus den Gasen Wasserstoff und Methan. Methan in großen Mengen hat eine verblüffende Eigenschaft: Es absorbiert die roten Farben des Lichts und reflektiert nur das übrigbleibende Blau.

Hubert fragt sich manchmal, was genau die Farben des Lichts sein sollen. Für ihn sieht Licht eigentlich immer gleich aus und ist vor allem grell, aber nicht besonders bunt.
Tatsächlich kann man aber das weiße Licht, wie wir es kennen, in seine Einzelteile zerlegen. Sicher habt Ihr schon Mal einen Regenbogen gesehen. Ein Regenbogen ist nichts anderes als normales Sonnenlicht, das durch Regentropfen scheint und dadurch in seine einzelnen Farben gebrochen wird. Diese Farben nennt man Spektralfarben und die Wissenschaft von den Farben des Lichts daher Spektroskopie. Immer wenn Ihr in Zukunft einen Lichtstrahl durch das Fenster scheinen seht, könnt Ihr euch also vorstellen, dass er eigentlich aus roten, gelben, grünen und blauen Farben besteht.

Methangas (welches übrigens auch entsteht, wenn man pupst) schluckt in großen Mengen also die meisten Farben des Lichts. Übrig bleibt ein herrliches Blau, das Neptun seine charakteristische Färbung verleiht. Wie ein Regenbogen, dem plötzlich alle Streifen außer dem blauen fehlen würden.

Jetzt fragt Ihr euch wahrscheinlich, ob auch Schlümpfe aus Methan bestehen (oder besonders viel pupsen)? Hubert hat sich fest vorgenommen, dieser Frage nachzugehen und verlegt gerade schon seine nächste Urlaubsreise von Neptun nach Schlumpfhausen.

PLUTO
UND DIE ANDEREN ZWERGPLANETEN

Planetenstatus für alle!!!!!!!!!!!!

Pluto verdient einen Mitleidsbonus. Vor einigen Jahren wurde ihm der Planetenstatus aberkannt. Hubert hat sich damals im Jahr 2006 stark für ihn eingesetzt. Aber die internationale astronomische Union zeigte kein Erbarmen und erklärte: Pluto ist zu klein. Aber immerhin: Nur seinetwegen wurde eine neue Klasse von Himmelskörpern erfunden, die Zwergplaneten.

Hört nicht auf diesen Text! Ich bin wohl ein Planet!

Pluto ist der größte seiner Klasse, obwohl er nur einen Durchmesser von 2380 Kilometer aufweist. Damit ist er fast so groß wie unser Erdmond.
Pluto tanzt ein wenig aus der Reihe. Er hat eine extrem elliptische Umlaufbahn um die Sonne und benötigt dafür knapp 245 Jahre. Das ist extrem lang, dafür dreht er sich in etwas mehr als nur 6 Tagen einmal um sich selbst.

Pluto hat fünf natürliche Begleiter: Die Monde Charon, Nix, Hydra, Kerberos und Styx. Pluto ist auch ein beliebtes Ziel für Forschungsmissionen. So schickte man die Raumsonde New Horizons auf den Weg zu Pluto, der neun Jahre dauern sollte. Das Ergebnis der Mission kann sich sehen lassen: Beeindruckende Fotos von unserem ersten Zwergplaneten, die aber ebenfalls wieder viele Fragen aufwerfen. Warum Pluto kein Planet mehr ist, was es mit seinen Monden auf sich hat und seiner nicht aufgeräumten Umlaufbahn – das erklärt euch Hubert in den folgenden Kapiteln.

Viel Spaß auf der Reise in die äußersten Regionen unseres Sonnensystems zu den Zwergplaneten!

"Alles halb so wild, Pluto. Ich bin auch kein Planet!"

astro-comics.de

Pluto und die Zwergplaneten

Kein Planet und stolz drauf

Genau, Pluto, macht doch nichts. Die Sonne ist auch kein Planet. Und das findet sie gar nicht schlimm. Nicht nur die Planeten sind von Bedeutung in unserem Sonnensystem, sondern auch Asteroiden, Kometen und eben die Sonne selbst. Jeder hat seinen eigenen festen Platz im ewigen Kreislauf des Kosmos. Aber warum tröstet die Sonne unseren Pluto eigentlich? Und was heißt das: Er ist kein Planet?

Für die Erklärung müssen wir ein paar Jahre in der Zeit zurück nach Prag, die Hauptstadt von Tschechien, fliegen. Es war das Jahr 2006 an einem 24. August als die Internationale Astronomische Union (IAU) – das ist eine Gruppe von Astronomen aus verschiedenen Ländern – eine folgenschwere Entscheidung traf: Dem kleinen Pluto wurde nach fast 80 Jahren der Planetenstatus aberkannt. Der Grund heißt Eris, ein bis dahin unbekannter Himmelskörper, der jenseits der Plutobahn um die Sonne zieht und genau so groß ist wie der bis dahin neunte Planet. Nun mussten die Forscher sich entscheiden: Einen weiteren Planeten in die Reihe aufnehmen und damit das Wagnis eingehen, noch viel mehr Planeten zu klassifizieren (denn hinter Eris vermuteten sie weitere große Objekte), oder aber den Planetenstatus neu zu überdenken. Dafür musste aber erst folgende Frage geklärt werden: Was ist denn eigentlich ein Planet? Hubert hat da natürlich direkt eine Antwort: Ein Planet muss rund sein. Aber das reicht noch nicht ganz aus. Denn dann wären viele Monde ja auch Planeten. Daher hat er nochmal bei der Internationalen Astronomischen Union nachgefragt und weiß jetzt: Ein Planet ist erstens kein Mond, zweitens ein nicht von selbst leuchtender Himmelskörper, der die Sonne umkreist und dabei eine so große Masse hat, dass er durch die Eigengravitation eine annähernd runde Form aufweist. Und drittens muss er seine Umlaufbahn komplett aufgeräumt haben. Das heißt, auf seinem Weg um die Sonne darf dem Planeten nichts auf einer ähnlichen Umlaufbahn begegnen. Pluto hatte aber nicht aufgeräumt, da er sich seine Bahn um die Sonne mit vielen anderen kleinen Objekten teilt. Und wer nicht aufräumt, bekommt Ärger.

Auch wenn Pluto kein Planet mehr ist, kann er eigentlich stolz auf sich sein, wurde seinetwegen doch extra eine neue Kategorie von Himmelskörpern geschaffen: Die Zwergplaneten. So groß ist der Unterschied zwischen Planeten und Zwergplaneten nicht. Ganz entscheidend ist: Ein Zwergplanet hat seine Umlaufbahn nicht bereinigt. Übrigens: Ein Plutoid ist eine Unterklasse von Zwergplaneten und bezeichnet die Objekte, die sich hinter der Bahn von Neptun befinden.

HUBERTS INFOBOX

Ganze fünf Zwergplaneten haben wir in unserem Sonnensystem schon bestimmen können. Diese heißen: Pluto, Ceres, Haumea, Makemake und Eris. Astronomen glauben, dass es bis zu 200 Zwergplaneten in unserem Sonnensystem geben könnte. Also kein Grund für Pluto traurig zu sein!

Pluto und die Zwergplaneten

Der Beginn einer Model-Karriere

Komm schon Pluto, mehr Drama, Baby!

Mehr Drama, Baby!

Der Beginn von Plutos Model-Karriere wird auf den 19. Januar 2006 datiert, als die NASA-Raumsonde New Horizons in Richtung Weltall startete. New Horizons steht für „Neue Horizonte" und macht ihrem Namen alle Ehre. Die 700 Millionen Dollar teure Mission: den Zwergplaneten Pluto und den Kuipergürtel jenseits der Neptunbahn zu erforschen. Am 14. Juli 2015 nach fast zehn Jahren Flugzeit erreichte New Horizons, die übrigens so groß wie ein Konzertflügel ist, endlich ihr Ziel und fand einen strahlenden Pluto vor.

Pluto hatte Zeit, sich auf diesen Besuch vorzubereiten. Da ihn noch nie jemand aus so einer Nähe betrachten konnte, legte er sich richtig ins Zeug. Selbst die stärksten Teleskope auf der Erde oder auch das Weltraumteleskop Hubble vermögen es nicht, ein gestochen scharfes Foto von dem Zwergplaneten zu schießen. So war das Interesse an der New Horizons-Mission besonders hoch, lieferte sie den Astronomen doch erstmalig hochauflösende Aufnahmen des Himmelskörpers. Und siehe da: Die Fotos, die die Raumsonde aus 12500 Kilometern Höhe und bei einer Geschwindigkeit von mehr als 50.000 Kilometer pro Stunde schossen konnten sich sehen lassen. Pluto ist mit seinen eisigen Bergen und geologischen Aktivitäten ein wahrer Augenschmaus.

Da die Sonde aber so schnell unterwegs war, konnte sie nicht in eine Umlaufbahn um Pluto einschwenken. Der Model-Job wurde schon nach wenigen Tagen beendet und Pluto blieb wieder alleine zurück. Heute ist die Sonde auf dem Weg zum Kuipergürtel, eine Region hinter dem letzten Planeten im Sonnensystem, Neptun. Hier wird New Horizons weitere Himmelskörper untersuchen und vielleicht den einen oder anderen Zwergplaneten ausfindig machen.

Wir dürfen also gespannt sein, welche neuen Sternchen sich uns am Model-Himmel noch präsentieren werden!

HUBERTS INFOBOX

Neben vielen komplizierten technischen Geräten hat New Horizons auch ein paar Alltagsgegenstände im Gepäck, etwa eine CD, auf der die Namen von fast 500.000 Personen gespeichert sind. Auf der New Horizons-Webseite gab es vor dem Start eine Aktion, die hieß „Send your name to Pluto", zu Deutsch: Schick deinen Namen zu Pluto. Auch eine Vierteldollarmünze fliegt mit. Wer weiß, was es dort hinten zu kaufen gibt...

Pluto und die Zwergplaneten

"Pluto, es hat sich herausgestellt, dass du mal ein Mond von mir warst!"

"Papa...?!"

astro-comics.de

Pluto und die Zwergplaneten

Vater und Mond

Da bekommt Neptun doch beinahe Vatergefühle. Obwohl, wirklich ähnlich sehen sich Pluto und er ja nicht. Der eine besteht aus Gas und ist riesig groß, der andere ein Zwerg aus Eis und Stein. Für Vater-Sohn-Beziehungen könnte das natürlich schwierig sein, aber für Planeten-Mond-Beziehungen ist das genau die richtige Mischung. Viele Astronomen gehen nämlich davon aus, dass Pluto einst ein Mond von Neptun war. Aber wie kommt man eigentlich auf diese Theorie?

Zunächst hat Neptun als großer Gasplanet eine starke Schwerkraft, sodass er den Zwergplaneten in seiner Umlaufbahn halten könnte. Und der kleine Pluto gibt den Wissenschaftlern ohnehin einige Rätsel auf. Denn normalerweise befinden sich die Gesteinsplaneten im Inneren des Sonnensystems. Pluto, der ja bis 2006 auch ein Planet war, befindet sich aber ganz am Rande des Sonnensystems, noch hinter den Gasplaneten. Und von der Größe her ähnelt er Triton, dem größten Neptunmond. Außerdem kreuzen sich die Bahnen von Pluto und Neptun regelmäßig. Triton könnte sich einst auf einer ähnlichen Bahn befunden haben wie Pluto, Neptun hat ihn dann aber eingefangen. Dies gilt als sehr wahrscheinlich, denn anders als unser Mond, der ja mit hoher Wahrscheinlichkeit einst Bestandteil der Erde war, kann Triton nicht ein ehemaliger Teil von Neptun sein, der dann herausgerissen wurde – wir erinnern uns: Neptun besteht aus Gas und nicht aus Stein.

War also Triton einst ein Zwergplanet und Pluto ein Mond von Neptun? In der Vergangenheit haben Wissenschaftler gute Gründe gegen diese Theorie gefunden. Pluto ist ein ganzes Stück von Neptun entfernt. Er ist so weit weg, dass er für eine Umrundung der Sonne drei mal länger als Neptun braucht. Pluto und Neptun kommen sich auf ihrem Weg um die Sonne fast nie besonders nahe. Das macht es sehr unwahrscheinlich, dass die beiden früher eine enge Vater-Mond-Beziehung hatten...

Für Neptun bedeutet das also erstmal Entwarnung: Bevor nicht noch weitere Indizien gefunden werden, können die Vatergefühle vorerst ausbleiben.

ASTEROIDEN, METEORE UND KOMETEN

Wir wissen nun, dass das Sonnensystem die verschiedensten Bewohner hat. Um unsere Sonne tummeln sich Planeten, Monde und Zwergplaneten. Aber war das schon alles? Keineswegs!
Zwischen all den anderen Objekten schwirren nämlich noch Asteroiden und Kometen umher, die manchmal sogar mit den Planeten kollidieren und dann bei ihrem Aufleuchten in der Atmosphäre Meteore genannt werden. Asteroiden sind Gesteinsbrocken, die nicht groß genug sind, um als Planet oder Zwergplanet zu gelten. Kometen sind Gesteinsbrocken mit einem großen Anteil an Eis.

Diese Objekte lassen sich überall in unserem Sonnensystem finden. Eine sehr große Anhäufung befindet sich zwischen Mars und Jupiter, der sogenannte Asteroidengürtel. Als sich die Planeten in der Anfangsphase des Sonnensystems aus umherfliegenden Steinen und Steinchen geformt haben, ist einiges an Gestein übrig geblieben. Dieser Bauschrott umkreist heute noch in Form eines riesigen Gürtels die Sonne. In diesem Asteroidengürtel befindet sich sogar ein Zwergplaneten-Kumpel von Pluto namens Ceres.

Aber auch am Rande des Sonnensystems gibt es Asteroiden und vor allem Kometen! Noch hinter den Gasplaneten befindet sich ein weiterer Ring aus Gestein und Eisbrocken, den man den Kuipergürtel nennt. Viele der Kometen, die sich in regelmäßigen Zeitabständen um unsere Sonne drehen, haben hier ihren Ursprung. Mittlerweile glauben viele Astronomen, dass es sogar noch einen größeren und weiter entfernten Gürtel um die Sonne gibt: Die Oortsche Wolke. Auch diese könnte bevölkert von Asteroiden und Kometen sein – allerdings ist ihre Existenz nicht gänzlich bewiesen, da sie sich sehr weit von der Sonne entfernt befinden müsste. Falls es sie gibt, bräuchte das Licht der Sonne ganze 1,6 Jahre, bis es dort angekommen wäre. Zum Vergleich: Bis zum äußersten Planeten Neptun braucht das Licht nur 4 Stunden.

Über Asteroiden und Kometen ist also noch nicht alles bekannt. Im Folgenden erfahrt Ihr, was man bisher über diese geheimnisvollen Wanderer unseres Sonnensystems weiß und wie sie bislang unser Leben auf der Erde beeinflusst haben.

Venus, wie schützt du dich eigentlich vor Meteoriteneinschlägen?
Ganz einfach. Ich verwende regelmäßig Anti-Schnuppen-Shampoo!
astro-comics.de

Das ist mir Schnuppe!

Kriege, Atomunfälle, Flutkatastrophen - das sind alles dramatische Ereignisse, vor denen sich die Menschen fürchten. Aber tatsächlich ist eine der größten Bedrohungen für die gesamte Menschheit gar keine irdische, sondern eine, die im Weltraum lauert! Die Rede ist natürlich nicht von Alien-Angriffen (wobei, man weiß ja nie...) sondern von Einschlägen! Die Bandbreite von möglichen Objekten, die mit der Erde kollidieren könnten, ist groß: Steinige Asteroiden (die man Meteor nennt, sobald sie in die Erdatmosphäre eingedrungen sind), riesige Eisbrocken, die man Kometen nennt und vielleicht sogar andere Planeten!

Um direkt die aufkommende Furcht zu lindern: Jeden Tag fallen circa 1.000 Tonnen extraterrestrisches Gestein auf die Erde - an manchen Tagen sogar bis zu 10.000! Diese immense Masse kommt allerdings durch die große Anzahl an kleinen Steinchen zusammen. Die einzelnen Steine sind aber wegen ihrer geringen Größe kaum gefährlich für die Erdenbewohner. Statistisch gesehen schlägt außerdem ein Großteil der Eindringlinge in die die Erde umspannenden Ozeane ein und kann dort höchsten bei unachtsamen Fischen für Kopfschmerzen sorgen.

Nun bringen wir aber wieder Brisanz in die Thematik: Global gefährlich - also bedrohlich für die Existenz von Milliarden Menschen - wäre ein Einschlag von einem Objekt ab einem Durchmesser von 500 Metern. Wahrscheinlich ist das weniger als die Strecke, die die meisten von uns morgens zur Bahn laufen. Erschreckend, oder? Mit einem solchen Einschlag ist statistisch gesehen allerdings nur alle 500.000 bis 10.000.000 Jahre zu rechnen. Wenn man sich vor Augen führt, dass die Erde 4,5 Milliarden Jahren alt ist, erscheint das aber gar nicht mehr so viel...

Und tatsächlich: Die Geschichte unserer blauen Heimat wurde maßgeblich durch solche Einschläge geprägt. Das Schicksal der armen Dinosaurier, die einem solchen großen Stein (man schätzt ihn auf mindestens 10 km) zum Opfer fielen, kennt jedes Kind. Und wie wir im Kapitel über den Mond gelernt haben, verdanken wir auch unseren Erdtrabanten einem solchen Einschlag.

Wir sehen also: Einschläge von Objekten aus dem Weltraum müssen nicht immer schlecht sein - zumindest solange ein Planet nicht bewohnt ist. Sollte sich in Zukunft ein derartiges Objekt nähern, können wir Hoffnung haben: Sowohl die Europäische Weltraumbehörde als auch die NASA arbeiten an Abwehrmethoden. In Betracht käme beispielsweise eine Ablenkung des Objekts durch Schwerkraft oder einfach ein Abschuss auf die ganz altmodische Art. Anti-Schnuppen-Shampoo hingegen, wie von Venus verwendet, wird wohl eher nicht helfen...

Die Dinosaurier konnten ihr Aussterben nie ganz verkraften
Was zum...
RACHE!!!
astro-comics.de

Prähistorische Rache

Dieser entschlossene Dinosaurier will Rache an dem Meteorit nehmen, der damals das Aussterben seiner Artgenossen bewerkstelligt hat - doch Moment mal! Ist überhaupt bewiesen, dass die Dinosaurier durch einen solchen Einschlag umgekommen sind (nur dann wäre die Rache-Aktion fair!), oder handelt es sich hierbei nur um eine Theorie?

Zunächst sei gesagt, dass sehr viele Theorien über das Aussterben der Urzeitechsen kursieren. Viele davon sind allerdings sehr unwahrscheinlich und können daher hier vernachlässigt werden. Einige Wissenschaftler äußern sich z.B. dahingehend, dass es immer mehr kleine Säugetiere gab, die mit großer Vorliebe die Eier der Dinos gegessen haben - bis es irgendwann keine Dinos mehr gab. Diese Theorie berücksichtigt aber nicht, dass vor 65 Millionen Jahren nicht nur Dinosaurier ausgestorben sind, sondern auch zahlreiche Arten, die keine Eier gelegt haben. Die Eierdieb-Hypothese ist also aus dem Rennen.

Die beiden wahrscheinlichsten Ereignisse sind tatsächlich die oben genannte Meteoriten-Theorie sowie die Vulkan-Theorie. Letztere besagt, dass mehrere gigantische Vulkanausbrüche so viel Asche ausgespuckt haben, dass die Atmosphäre dauerhaft verdunkelt wurde und für viele Lebewesen nicht mehr genug Sonnenlicht durchdringen konnte. Die Vulkanisten (nennen wir die Anhänger dieser Theorie mal so) haben ein starkes Argument auf ihrer Seite: Im sogenannten Dekkan-Trapp in Westindien lässt sich heute noch das erkaltete Vulkangestein besichtigen, dass sich teilweise bis zu 3 km hoch stapelt.

Was bedeutet das aber nun für die Meteoriten-Theorie? Diese ähnelt prinzipiell der Vulkan-Theorie: Die Verdunkelung der Atmosphäre geschah demnach nicht durch einen Vulkanausbruch, sondern eben durch den Einschlag eines riesigen Meteoriten. Im Sinne der Kompromissfindung lässt sich Erfreuliches berichten. Viele Wissenschaftler gehen mittlerweile davon aus, dass beides passiert ist. Richtig gelesen: Es gab womöglich einen Super-Mega-Vulkanausbruch UND einen gigantischen Meteoriten-Einschlag. Boah! Durch den Einschlag wurde das magmatische System der Erde empfindlich gestört und beförderte so die Vulkanausbrüche. Die Natur schreibt eben doch immer noch krassere Geschichten als Hollywood.

UBERTS INFOBOX

Nicht alle Dinos starben damals aus und ihre Nachfahren leben immer noch mitten unter uns. Die Vögel sind vermutlich direkte Verwandte der Dinosaurier. Wenn also das nächste Mal ein Spatz auf der Fensterbank sitzt, dann seht Ihr vielleicht noch einen Funken T-Rex in ihm!

Ich habe beruflich wirklich einen kometenhaften Aufstieg hingelegt...
K. OMET
GESCHÄFTSFÜHRER
astro-comics.de

Karriere-Kometen

Wer kennt sie nicht: Diese Typen, die sich ganz nach oben gearbeitet haben – sozusagen Stufen in kosmischer Höhe auf der Karriere-Leiter erklommen haben. Die immer in den schillerndsten Farben an einem vorbei huschen und es scheinbar sehr eilig haben ihr Ziel zu erreichen. Für uns Normalsterbliche bleibt oft nicht mehr zu sehen als eine Staubwolke, wenn sie in Ihrem ewigen Streben, das Zentrum der Macht zu erreichen, an uns vorbei ziehen. Wenn man sie anspricht, wirken sie oft eiskalt. Die Rede ist natürlich nicht von Geschäftsleuten von der Wallstreet oder Frankfurter Börse sondern von... Kometen!

Kometen sind die eisigen Wanderer unseres Sonnensystems. Oft starten sie ihre astronomische Karriere ganz am Rande des Sonnensystems – sogar noch weit hinter Pluto.
Von dort aus bewegen sie sich in langen Abständen Richtung Mitte des Sonnensystems, also immer näher an die Sonne heran, die sicherlich den obersten Chefposten bekleiden würde, wenn unser Sonnensystem eine GmbH wäre. Um sich so weit auf der Karriereleiter nach oben zu arbeiten, nehmen Kometen eine lange Zeit in Kauf. Der bekannte Halleysche Komet braucht beispielsweise 76 Jahre, um die Sonne einmal zu umrunden.

Wie das aber im Geschäftsleben und dem Streben nach Macht manchmal so ist, kann man sich an den eigenen Ambitionen schon mal verbrennen: Wenn die eisigen Besucher vom Rande des Sonnensystems der Sonne zu nahe kommen, fangen sie an zu schmelzen und verlieren immer mehr von ihrer Eisschicht. Die meisten Kometen sind die Hitze in der Chefetage aber gewohnt und schmelzen nicht komplett – etwas abgetaut und in ihren beruflichen Ambitionen zurück geworfen machen sie sich auf den Weg zurück zum Rande des Sonnensystems. Dieser Zyklus wiederholt sich bis der Komet irgendwann komplett geschmolzen ist – ein bisschen wie der tägliche Gang ins Büro, oder?

Wie viele machthungrige Menschen besitzen aber auch Kometen hinter der schillernden Fassade einen schmutzigen Kern. Sie bestehen zu einem großen Teil aus staubigem Dreck, der sich hinter der unnahbaren Eisfassade verbirgt. Aber in ihrem Streben der Macht verraten die Karriere-Kometen ihr Inneres: Sobald sie der Sonne zu nah kommen, schmilzt das Eis und wird zusammen mit Staub und Dreck nach hinten geweht. Diese Eis-Dreck-Mischung beginnt zu leuchten und der für Kometen typische Schweif entsteht.

DIE REISE GEHT WEITER...

Nun liegen ein Stern, acht Planeten, fünf Zwergplaneten, Monde, Asteroiden, Kometen und 1,6 Lichtjahre hinter uns – was für eine unglaubliche Reise!

Meine Rakete muss nun dringend in die kosmische Werkstatt, um gewartet und vollgetankt zu werden. Denn unsere Reise ist noch lange nicht beendet – wir haben bisher nur einen ganz kleinen Teil des Universums kennen gelernt. Unser Sonnensystem ist wunderschön, aber es ist nur eines von Milliarden Systemen in unserer Galaxie. Und unsere Galaxie – die Milchstraße – ist wiederum nur eine von Milliarden Galaxien im Universum.
Ihr seht also, dass es in unserem Universum noch eine Menge zu entdecken gibt. Schwarze Löcher, explodierende Sterne, kollidierende Galaxien, Außerirdische...
All das und noch viel mehr werden wir auf unserer nächsten Reise kennen lernen, wenn es heißt „Astro-Comics erklärt die Milchstraße"!

Bis dahin wünsche ich euch eine galaktisch gute Zeit und sternklare Nächte,

Euer Hubert

EURE UNTERSTÜTZUNG
FÜR ASTRO-COMICS

Ihr findet Astro-Comics galaktisch gut? Ihr wollt weitere Cartoons, Clips und Bücher ermöglichen? Dann könnt Ihr die Planeten, mich und Astro-Comics gerne bei Patreon mit einem geringen monatlichen Betrag unterstützen. Im Gegenzug gibt es dafür tolle Weltraum-Belohnungen wie Post von Planeten oder eine Zeichnung von euch als Himmelskörper.
Schaut doch mal bei Patreon vorbei! Zusammen erklären wir noch mehr Leuten den Weltraum!

https://www.patreon.com/AstroComics

Noch mehr Astro-Comics findet Ihr in allen bekannten Sozialen Netzwerken und auf www.astronomie.de.

DIE BESTEN FANS DER GALAXIE

STERN MIRA

Die Planeten (und Zwergplaneten!) möchten sich hiermit bei allen Astro-Comics-Fans herzlich bedanken. Ohne euch wäre dieses Buch niemals möglich gewesen!

Einige von euch haben Astro-Comics ganz besonders unterstützt und sicherten sich dadurch galaktischen Ruhm. Sie wurden von mir in Planetengestalt gezeichnet und sollen hier in ihrem eigenen Sonnensystem extra erwähnt werden.

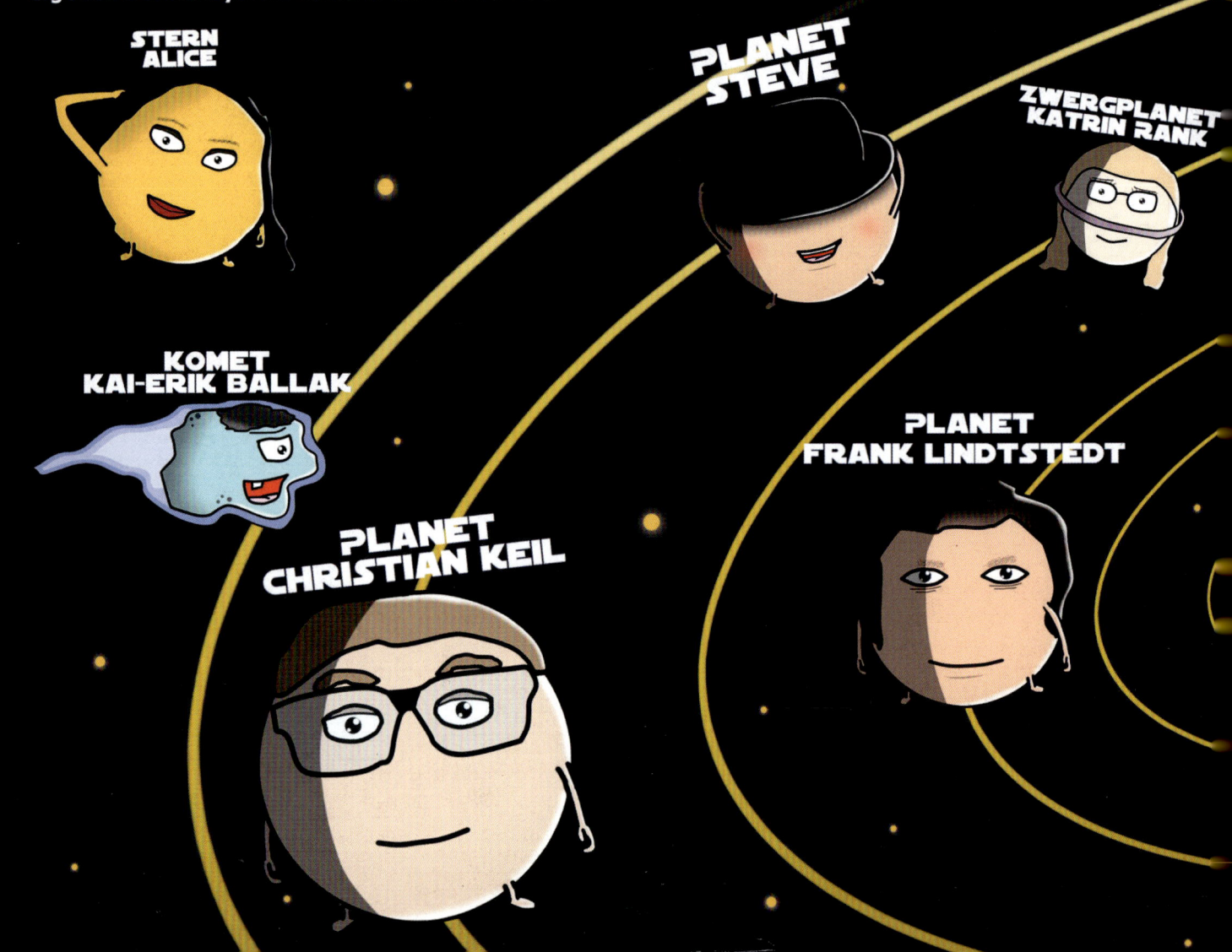

STERN ALICE

PLANET STEVE

ZWERGPLANET KATRIN RANK

KOMET KAI-ERIK BALLAK

PLANET FRANK LINDTSTEDT

PLANET CHRISTIAN KEIL

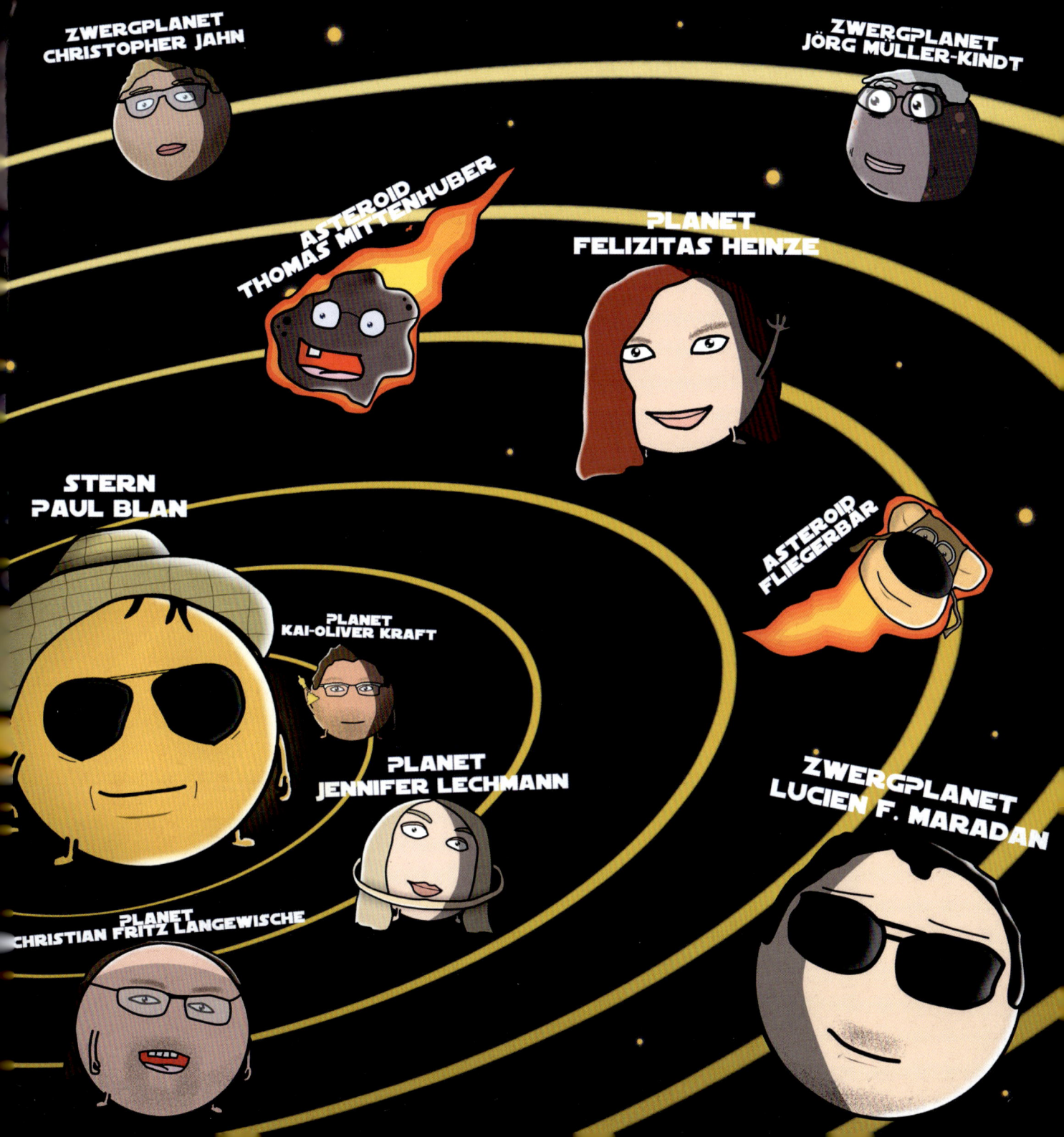

ZWERGPLANET CHRISTOPHER JAHN

ZWERGPLANET JÖRG MÜLLER-KINDT

ASTEROID THOMAS MITTENHUBER

PLANET FELIZITAS HEINZE

STERN PAUL BLAN

ASTEROID FLIEGERBÄR

PLANET KAI-OLIVER KRAFT

PLANET JENNIFER LECHMANN

ZWERGPLANET LUCIEN F. MARADAN

PLANET CHRISTIAN FRITZ LANGEWISCHE

DEINE NOTIZEN ZUM SONNENSYSTEM

_____

_____

_____

_____

_____

_____

_____

_____